TANJA MAIRHOFER

Schluss mit Muss

Warum du alles **falsch** machst wenn du alles **richtig** machen willst

Schluss mit Muss

☞ Ein Antiratgeber von
Tanja Mairhofer

*Für alle Faultiere
da draußen*

Inhalt

VORWORT
10

DER GELASSENE UMGANG MIT KALKFLECKEN
14

YOGIS FROM HELL
19

EIN BISSCHEN DICK IST NICHT SO SLIM
27

LÄUFT. NICHT.
35

KONFLIKT- MANAGEMENT NACH DEM HULK-PRINZIP
40

UNGEFRAGTE RATSCHLÄGE BEI DER PARTNERSUCHE
45

DER ERKLÄRBÄR
49

PYROTECHNIK MIT CAPTAIN JACK SPARROW
57

SPIEGLEIN, SPIEGLEIN AN DER WAND …
61

DIE SACHE MIT DEM BAUCHGEFÜHL
66

HÖHER, SCHNELLER, WEITER AM ARSCH
76

AUSSTIEG AUS DEM BEKANNTEN-FREIWILLIGENDIENST
81

DAS FAULTIER, DER NEID UND ICH
87

SCHLECHT BERATEN VOM LIEBESRATGEBER
94

WENIGER IST MEHR, MEHR ODER WENIGER
98

DER FREAK WEISS BESCHEID
104

MULTITASKING IST NUR WAS FÜR IDIOTEN
111

ENTSCHULDIGUNG, SIE HABEN DA ETWAS FISCHHAUT IM GESICHT
113

JUNGBÄUERIN TRIFFT STAMMTISCHBRUDER
117

VOLL GUT: NIX LOS UNNERUM
122

DER CLOONEY GEORGE, DIE CHER UND WIR DANN SO
131

WÜNSCHEN BEZAHLT KEINE RECHNUNGEN
137

HASHI – WER?
141

ICH MUSS NICHT ALLES KÖNNEN
147

UPS, SCHON WIEDER 34!
150

ONE-NIGHT-STAND = WOMANIZER + VOLKSMATRATZE
153

TECHNIK, DIE BEGEISTERT
159

BEZIEHUNGSSTATUS: FREIWILLIG SINGLE
165

DA IST DOCH WAS IM BUSCH?!
169

NICHT IMMER ALLES GUT …
175

KARRIERE NACH DEM PANTOFFEL-TIERCHEN-PRINZIP
181

FAMILIENVERPLANUNG
188

VORSICHT! BRUTALE RAT-SCHLÄGER UNTERWEGS!
195

MIR REICHTS! ICH HAU AB NACH STARS HOLLOW …
200

SCHEITERN WIE EIN PROFI
206

NACHWORT
214

DANK
216

VORWORT

✖✖✖

„Dieses Buch wird Ihr Leben verändern." Mit so viel Konfetti fangen einige Selbstoptimierungsbücher an. Zugegeben, das macht Stimmung. Ich hatte in den letzten 20 Jahren in so ziemlich jedem Buch dieser Art meine Nase drin. Mit den Weisheiten der besten Motivationstrainer gerüstet, wollte ich ein zunehmend besserer Mensch werden. Ich bin davon ausgegangen, dass in mir eine bessere Version meiner selbst steckt. Fleißiger, schöner, schlauer, sportlicher – und wenn ich mir nur abartig viel Mühe geben und viel Hokuspokus drumherum machen würde, könnte dieses Upgrade irgendwann mal rauskommen. Ich legte viel Hoffnung und Optimierungsbereitschaft an den Tag, mit dem Ergebnis, dass ich heute noch genauso unaufgeräumt bin wie vor 20 Jahren. Hinzu kam, dass ich als Moderatorin und Schauspielerin immer wieder gesagt bekommen habe, wie ich sein muss, aussehen muss, sprechen muss, handeln muss. Zu viel Muss.

Wie sich aber nun mit etwas Abstand zu all dem Müssen gezeigt hat, war ich auch im unoptimierten Zustand völlig in Ordnung. Als ich nämlich aufgehört habe, mich verändern zu wollen, hat sich Zufriedenheit in mir breitgemacht. Mit der lässt es sich viel besser aushalten als mit dem Gefühl, nicht gut genug zu sein. Deswegen werde ich keine leere Versprechungen ins Vorwort packen wie viele dieser Selbstoptimierer – das trau ich mich gar nicht, weil ich trotz der 20 Jahre Medienzirkus noch ein kleines Fünkchen Anstand in mir trage. Ich fang also noch mal von vorn an, wenn Sie's mir erlauben.

Herzlichen Glückwunsch! Sie halten gerade ein Buch in der Hand, das Ihr Leben nicht auf bedeutsame Weise verändern wird.

Ich sag's ehrlich und geraderaus: Das vorliegende Buch könnte Sie unterhalten, zwischendurch auch mal an Ihnen kratzen, vielleicht erkennen Sie sich wieder, es könnte Sie zum Lachen bringen, aber Ihr Leben wird's bestimmt nicht verändern und das soll's auch gar nicht. Also keine Angst, hier wird niemand optimiert oder operiert. Übrigens, wollen wir Du sagen? Das macht's einfacher, da wir noch ein bisschen Strecke vor uns haben, und da wollen wir's gemütlich miteinander haben, oder? Ich bin die Tanja. Bei diesem Buch musst du keine Reihenfolge einhalten und dir keine Notizen machen. Einen roten Faden gibt's hier nicht, fang einfach an, wo du willst. Es reicht, wenn du lesen kannst.

Ich muss mich vorweg schon mal für etwas entschuldigen, das zwischendurch wirklich peinlich werden könnte. Ich bin nämlich nie allein unterwegs, ich habe ein inneres Faultier, das sich regelmäßig zu Wort meldet. Als mein persönlicher Ratgeber hält es mich immer wieder davon ab, einen Marathon zu laufen, das Bruttosozialprodukt drastisch zu erhöhen und die Haare auf meinem Kopf in den Griff zu bekommen. Es wird sich, wenn's nicht gerade schläft, immer wieder mal einmischen und ist dabei manchmal grob und ordinär. Wo wir auch schon beim nächsten Thema wären. Ich entschuldige mich jetzt schon für das eine oder andere Schimpfwort. Wer's anständig haben will, dem muss ich jetzt fairerweise vom

Kauf abraten. Ich habe das Buch so geschrieben, wie ich mich mit meinen Freunden unterhalten würde, und die stecken mein Dachdecker-Vokabular in der Regel ganz gut weg. Manchmal muss ich vulgär sein, da manche Situationen einfach scheiße und manche Menschen Arschlöcher sind, das kann man sich nicht schönreden. So viel zur Abwicklung.

Noch was zum Inhalt: Ein Antiratgeberbuch ist eigentlich schon ein Widerspruch in sich. Gegen Ratschläge zu sein, ist ja auch schon eine Art Rat. Trotzdem beschreibt es das, was ich sagen möchte:

Nicht immer hinhören, wenn Leute einem erklären wollen, wie man zu sein hat.

Auch wenn sich einige meiner Aussagen anhören wie Tipps, so nehmt mich nicht immer ganz so ernst. Nicht einmal ich mach das. Ich bin kein Coach, Soziologe oder Psychologe und hab's auch nicht vor zu werden. So viel zur Expertise. Ich bin vielmehr ein Hansdampf in allen Gassen und mache meistens 13 Sachen gleichzeitig. Einige davon auch recht halbarschig, doch ich würde sagen, dass ich genau aus diesem Grund einen guten Panoramablick bekommen habe. So hat sich ein buntes Kaleidoskop an verschrobenen Sichtweisen angesammelt, durch das ich euch hier durchgucken lassen möchte. Manche Themen hätten sicher eine Vertiefung verdient, geht nur nicht, muss nämlich noch die anderen zwölf Sachen halbarschig erledigen und will euch keine 1.000 Seiten zumuten.

Ihr könnt euch nun zurücklehnen und entspannen. Von mir gibt's hier keine Tricks, wie ihr euer Leben verändern oder eure Träume verwirklichen könnt. Weil wir alle schon längst wissen, wie das geht. Mit ehrlicher Arbeit und nicht mit dem Lesen irgendwelcher Tschakka-Bücher. Alles, was ihr wissen müsst, brauche ich euch nicht zu erzählen, weil ihr es schon selbst längst wisst und weil alle wichtigen Antworten schon da sind. Nur hört man die oft nicht, weil die vielen Rat-Schläger, denen wir Tag für Tag begegnen, mehr Krach machen. Die kann man aber auch ausblenden. Und das machen wir jetzt.

DER GELASSENE UMGANG MIT KALKFLECKEN

×××

Ein perfekter Haushalt ist ein Zeichen für ein verschwendetes Leben.

Klamotten und Menschen, die faltig sind, sind völlig in Ordnung. Ich freue mich auch über trockenen Kuchen, sehe über Rechtschreibfehler hinweg, habe nichts gegen verbeulte Autos und mag Sturmfrisuren. Beim anderen Perfektionismus zu erwarten, liegt mir fern, weil ich es selbst nie hinkriegen würde. Jedoch rühmen sich viele Menschen damit, perfektionistisch zu sein – bis zum Burn-out. Gerade am Arbeitsplatz tun manche so, als wäre Perfektionismus eine Tugend. Für Berufsgruppen wie Herzchirurgen, Architekten und Piloten ist das auch wunderbar, aber sonst habe ich für diesen Schlag Mensch noch nie so richtig viel übriggehabt.

Der amerikanische Psychologieprofessor Randy O. Frost hat in den 90ern ein Modell entworfen, das die Persönlichkeitsmerkmale von Perfektionisten zusammenfasst. Demnach sind das Menschen, die hohe persönliche Standards haben, sehr gut organisiert sind, sensibel auf Fehler reagieren und die eigenen und fremden Leistungen ständig anzweifeln.[1] Nicht so schön. Das heißt, dass sie mit ihrer unguten Art nicht nur sich selbst im Weg stehen, sondern auch den anderen. Oft waren sie in ihrer Kindheit sehr hohen Erwartungen ausgesetzt und wurden regelmäßig kritisiert. Daher wissen wir auch, für wen Perfektionisten bügeln, falten, kritisieren, korrigieren und alles besser machen wollen. Nicht für uns. Leider noch für Mama und Papa.

Die Angelsachsen haben für diesen pedantischen, pingeligen Menschenschlag ein Eigenschaftswort: Er oder sie ist dann „anal". Der Begriff stammt aus der freudschen Psychoanalyse. Laut Freud macht es kleinen Babys sehr viel Freude, in die Hose zu machen. Pedantische Menschen sind dabei allerdings oft geschimpft und ihr Kacka in Verbindung mit Ekel gebracht worden. Von der Schimpferei ist dann im Kopf alles etwas durcheinandergekommen und am Ende des Tages haben jene Gesellen eine schlimme innere Abneigung gegen alles Ungeordnete und Schmutzige entwickelt. Daher sollte man sich über Pedanten und Perfektionisten nicht ärgern. Man kann ihnen psychoanalytisch entgegenkommen, indem man ihnen verdeutlicht: „Hosenkacka ist gar nicht so schlimm."

Angsteinflößend finde ich nicht nur die übersteigerten Ansprüche, die Perfektionisten an sich und ihre Umwelt stellen, sondern auch das Ergebnis davon in deren Wohnstätten. Jeder kennt so jemanden: Die Wohnung ist blitzeblank und gerne mal zugekachelt. Die Schuhe werden am Eingang ausgezogen, dafür ist der Boden dann schön kalt und vielleicht auch noch nass, weil ja gerade gewischt wurde. Wenig Nippes, und der Handstaubsauger ist immer griffbereit. Mich befällt in solchen Wohnungen immer das Gefühl, dass ich mit meiner Anwesenheit alles tierisch durcheinanderbringe und verfussle. Gerne fallen mir ausgerechnet dann beim Essen

---

{1} http://www.nytimes.com/2011/03/12/your-money/12shortcuts.html

Sachen aus dem Mund oder ich stoße ein Weinglas um. Seit ich Mama bin, bin ich der Schreck aller Pedanten. Irgendwo an mir kleben nämlich neuerdings immer Sabber, Sand oder Speisereste. Ich kriege das meist gar nicht so mit. Bevor aber jetzt einer sagt „Igitt, ist die eklig!", guckt doch selbst mal an euch runter! Auf und in jedem von uns leben rund zwei Kilogramm Bakterien. Klingt erst mal gruselig, ist aber wunderbar. Das sind unsere Freunde, die uns helfen, gesund zu bleiben, und ohne die wir sterben würden! Ja und warum sollte ich die jetzt nicht in der Wohnung haben wollen?

Auch wenn's mich nicht betrifft, aber tragischerweise werden Frauen wesentlich häufiger vom Perfektionismus befallen als Männer. Vor allem wenn's darum geht, die eigenen Kompetenzen und Leistungen infrage zu stellen. Dr. Jacqueline Mitchelson von der Auburn University in Alabama befragte 288 Erwachsene, wie zufrieden sie mit ihrer Arbeitsleistung sind. Demnach sind 38 Prozent aller Frauen mit sich selbst unzufrieden und 24 Prozent aller Männer. In Sachen Haushalt sieht's nicht anders aus: 30 Prozent aller Frauen bemängeln ihre Leistung zu Hause, aber nur 17 Prozent aller Männer.[2] Das ist mitunter darauf zurückzuführen, dass Frauen im neuen Jahrtausend immer noch das Gefühl haben, allein fürs Nest zuständig zu sein. Sollte man dringend überdenken. Nur so eine Idee ...

Mir machten schon als kleines Mädchen Frauen Angst, die ihre Hausfrauenkompetenzen viel zu hochgehalten und sich darüber definiert haben, wie toll alles glänzt; Frauen, bei denen die Geschirrtücher gebügelt wurden, es zweimal am Tag Fleisch mit Beilage gab und die Frisur trotzdem irgendwie saß. Ich habe damals gehofft, dass diese Anforderungen ans weibliche Geschlecht mit der Generation Teppichklopfer aussterben. Aber leider gibt's die noch immer, sogar in jung. In der Vorstadt reden sie viel über Markisen, Multifunktions-Küchenmaschine und Thujen. Und abends

---

[2] http://cla-au.auburn.edu/tigertalesarchives/detail.cfm?newsarticleid=258

Kalkflecken und dreckige Fenster sind ein Beleg dafür, dass es wichtigere Dinge im Leben zu tun gibt, als zu putzen.

putzen sie die Kalkflecken von den Kacheln im Bad. Wer weiß, vielleicht die eine oder andere sogar mit einer Zahnbürste, als müsste sie für etwas büßen.

Seit 16 Jahren führe ich meinen eigenen Haushalt und ich bin noch nie auf die wahnwitzige Idee gekommen, Kalk von den Fliesen zu wischen oder meine Fenster zu putzen. Bisher bin ich deshalb auch noch nicht eingesperrt worden. Wozu auch Fenster putzen? Ich rate sogar ab davon, denn es hat durchaus eine praktische Komponente, wenn man das schleifen lässt, weil man über kurz oder lang einen prima Sichtschutz hat. Und jetzt mal ehrlich: Wir alle haben Besseres zu tun, als Fenster und Kacheln zu putzen, zum Beispiel ein gutes Buch zu lesen. Damit diese garstigen Forderungen an die „anständige" Hausfrau aussterben, scheinen noch einige BHs verbrannt werden zu müssen. Man kann der Evolution aber einen Schritt entgegenkommen, indem man regelmäßig das Mantra wiederholt:

Ein perfekter Haushalt ist ein Zeichen für ein verschwendetes Leben.

Im nächsten Schritt sollte man sich im Schneidersitz vors ungeputzte Fenster setzen und die Flecken auf sich wirken lassen, es kann sich dadurch eine wunderbar meditative Atmosphäre entfalten.

In Zukunft sollte man Kalkflecken und dreckige Fenster nicht mehr als Bedrohung sehen, denn sie können uns daran erinnern, dass es Wichtigeres im Leben zu tun gibt.

YOGIS FROM HELL

✖✖✖

*Jetzt beeil dich „innerer Frieden",
ich hab nicht den ganzen Tag Zeit!*

Diese ständigen Aufforderungen zu mehr Achtsamkeit und Innehalten überfordern mich. Ich hab keine Ahnung, was die von mir wollen. In jeder Frauenzeitschrift und Buchhandlung findet man Anleitungen dazu. Die Leute sind in den letzten Jahren sogar unentspannter geworden, das ist nicht nur meine Beobachtung. Nach Angaben der DAK haben sich Burn-out-Diagnosen seit 2006 nahezu verzwanzigfacht.[1] Nicht so viele, die's kapiert haben, wie das geht mit der Stille.

Ein riesiger Wirtschaftszweig hat sich dem Wohlfühlen verschrieben. Psychologische, esoterische und spirituelle Literatur verkauft sich wie eine Radler-Maß aufm Oktoberfest. Der Heidelberger Zukunftsforscher Eike Wenzel beziffert den jährlichen Umsatz, der in Deutschland mit Esoterik gemacht wird, mit etwa 25 Milliarden Euro, in zehn Jahren sollen 35 Milliarden damit gemacht werden.[2] Eso ist „unstoppable", wie die famose Conchita Wurst sagen würde.

{1} https://de.statista.com/themen/161/burnout-syndrom/
{2} https://www.welt.de/print/die_welt/wirtschaft/article13189158/Mit-Esoterik-laesst-sich-reales-Geld-machen.html

Obwohl ich immer skeptischer gegenüber diesen Lehren geworden bin, möchte ich nicht behaupten, dass die Herrschaften aus der Esoterikbranche nur Schwachsinn verbreiten. Ein paar Dinge gehen auf, auch wenn mir dazu vielleicht die Logik fehlt. Nur ist es bei all den Schwingungsexperten, Aura-Soma-Therapeuten, Tarot-Kartenlegern, Lichtmeistern, Geistheilern, Kaffeesatzlesern, Energiearbeitern, Handdiagnostikern und was es sonst noch zum Deifl alles gibt, sauschwer herauszufinden, wer von denen ordentlich einen Hau weghat und wer seine 100 Euro die Stunde wert ist.

Seit fast 20 Jahren praktiziere ich Yoga und glaube fest daran, dass nicht jeder spirituell sein und meditieren muss, um klarzukommen. Ich kenne Leute, die gerne Rad fahren, joggen gehen oder auf Berge steigen und den gleichen physischen und psychischen Nutzen aus ihren Hobbys ziehen können wie ich aus Yoga. Ich kenne grundsolide Landwirte, die mehr in ihrer Mitte sind, als die Yoga-Susi aus der Trendy-Andy-Yoga-Lounge. Dennoch, ich bin sehr froh, dass ich dieses nette Hobby aus dem fernen Indien für mich entdeckt habe. Kann jeden nur dazu ermuntern, es mal auszuprobieren. Ich liebe das Gefühl, dass ich hinterher habe. Ich bin seither gelenkiger, meine Haltung hat sich verbessert, ich habe mehr Kraft und Ruhe davon bekommen. Kann's fast überall machen, brauche kein Geld dafür auszugeben und muss mich dabei mit niemandem duellieren. Nur wäre ich heute genauso nah dran an einer Erleuchtung, wenn ich meine Zeit im Schützenverein verbracht hätte.

Für mich ist Meditation nichts anderes, als einmal am Tag für ein paar Minuten die Klappe zu halten, in Ruhe gelassen zu werden, sich nicht ablenken zu lassen und auf kein Display zu starren. Das Gedankenwirrwarr wird langsamer, der Kopf ist irgendwann auf Stand-by. Meine Großeltern nannten das auch „Mittagsschläfchen". Prima Sache, sollte jeder mal ausprobieren, aber bitte ohne Allmachtserscheinungen danach.

Als ich mit Yoga angefangen habe, lagen vorwiegend Birkenstock-Träger und Sozialpädagogen auf der Matte. Keiner hip, keiner extraschön. Keine Yogahosen von Tchibo, keine neonfarbenen Sport-BHs, keine Sanskrit-Tattoos im Nacken und keine coolen Gebetsketten um den Arm. Yoga galt als verstaubtes Getue von ein paar übrig geblieben Alt-68ern. Hatte so viel Lifestylefaktor wie Achselhaare und Batikklamotten. Man konnte Yoga machen oder es auch sein lassen, und angeben brauchte man damit erst recht nicht. Das hat sich geändert, wie sogar die aufmerksame Freizeit-Revue-Leserin mitbekommen hat. Heute hat man das Gefühl, dass Frau es machen muss.

Ach Kinners, damals nach dem Krieg war's anders ... Okay, so alt bin ich dann doch noch nicht, aber den derben Hype der letzten Jahre sollte man ruhig mal auseinandernehmen. Mach ich jetzt!

Die größten Freaks und Narzissten habe ich überraschenderweise nicht beim Fernsehen getroffen, sondern auf den Yogamatten. Vor allem die, die in diesem Bereich etwas zu melden haben. Selbst ernannte Meister und Alpha-Yogis. Soll nicht heißen, dass jeder ein Rad abhat, der Yoga lehrt, da wären wir nämlich ganz schön im Eimer in diesem Land. In Deutschland gibt es ca. drei Millionen Menschen, die Yoga üben und 100.000 Lehrer. Da sind großartige Leute dabei, darunter einige der besten Yogalehrer! Aber ein paar von denen möchte ich nachts nicht allein übern Weg laufen.

Es gibt eine ganz einfache Erklärung dafür, warum „verhaltenskreative" Zeitgenossen sich zu diesen spirituellen Lehren hingezogen fühlen. Sie wirken anziehend auf Menschen in schwierigen Lebenssituationen oder mit einer angeknacksten Psyche. Sie suchen Unterstützung und klammern sich oft an jeden Strohhalm. Der mögliche andere Weg über eine Psychotherapie erfordert viel Durchhaltevermögen, Selbstreflexion und kann auch mal anstrengend werden. Manche können und wollen diesen Weg nicht gehen und erhoffen sich die schnelle Hilfe durch Engelkarten, ein bisschen Reiki, Heilsteine oder eben Yoga.

Warum hat's mich so angezogen? Damals unter anderem auch aus den eben genannten Gründen. Dazu kam, dass mich schon von klein auf fremde Kulturen interessiert haben. Das erste Lebensjahr verbrachte ich zunächst im Tragetuch meiner südafrikanischen Nanny, danach im Buggy neben Boule spielenden Franzosen an der Côte d'Azur und später bei einem Teller Sarma bei meiner viel geliebten jugoslawisch-deutschen Oma. Indien war unerforscht und aufregend. Nichts war mir fremder als der Hinduismus mit seinen bunten Göttern und den tollen Verrenkungen. Ich habe damals zudem dringend etwas zum Festhalten gesucht. Der Haltegriff, den ich von zu Hause mitbekommen habe, wackelte. Yoga hingegen gab mir ein klares Regelwerk, das konform ging mit meiner damaligen Einstellung zum Leben. Ich bin schon Jahre davor Vegetarierin geworden, wollte in Ruhe gelassen werden, konnte mir mit der Karma-Philosophie ein bisschen die Welt erklären und fand Spaß an den Übungen. Ich hatte Glück, dass ich damals an Lehrer geraten war, die mir nur zeigen wollten, wie's ging, mich aber sonst in Ruhe ließen. Bis zum heutigen Tag liege ich regelmäßig bei denen auf der Matte und werde es mein Leben lang tun.

Schlimm finde ich aber, wie viele semi-erleuchtete Yogalehrer in ihren Stunden den Schülern die Welt erklären möchten.

☞ *Nochmals der Vermerk, dass es großartige Lehrer gibt. Nur manche sind eben völlig Banane. Ich darf das sagen, ich bin nämlich selbst ausgebildete Yogalehrerin. Ich kenne mich und die anderen.*

Mich hat es immer wieder schockiert, wenn nach einer Stunde Leute zu mir kamen und sich eine Lebensberatung von mir abholen wollten. Ich bin froh, wenn ich beim Schuheanziehen meine Schnürsenkel richtig binden kann, und daher völlig überfordert, wenn man sich so etwas von mir erhofft und sich mir blind anvertraut. Es hat mir aber gezeigt, wie beeinflussbar Menschen sind und wie gefährlich dieses Verhältnis sein kann. Mit ein paar Hundert Stunden Yogaunterricht, die man für die Ausbildung braucht, kann und sollte sich keiner rausnehmen, anderen Leuten sagen zu dürfen, wie sie ihr Leben zu optimieren haben. Dafür gibt's Profis, Therapeuten, die freiwillig ihr Leben den Problemen anderer verschrieben haben und die mehr Hirnschmalz in das Thema gesteckt haben als der Dude, der auf Goa seinen Yogaschein gemacht hat.

In Sachen Yoga bin ich rund um die Welt gereist. Mitgebracht habe ich tolle Freundschaften und viele Geschichten von lustigen Vögeln. Manche Vögel waren aber auch gefährlich. So nahm ich vor Jahren in Südostasien an einem mehrtägigen Yogaworkshop teil. Stattgefunden hat er in der Hölle. Geleitet wurde er von einem Guru-Pärchen, die so etwas wie eine Sekte um sich gegründet hatten. Nennen wir sie mal Guru-Horst und Guru-Gabi. Mit von der Partie waren viele sinnsuchende Anhänger, die den beiden an den Lippen hingen, als würde Siddharta Gautama persönlich sprechen. Der Kennenlernabend gestaltete sich wie ein Morgenkreis im Kindergarten, wir machten Spiele, die darin gipfelten, dass man der wildfremden Nachbarin die Kopfhaut kraulte. Ich weiß Gott sei Dank nicht mehr, ob ich beim letzteren Teil recht aktiv war, ich hab nämlich die wunderbare Gabe, traumatisierende Erlebnisse auszublenden. Der Abend wurde immer persönlicher. Der Guru-Horst erklärte mir dann irgendwann vor den 50 Teilnehmern, dass meine Aura seit der Geburt meiner Tochter Zacken und Löcher hätte. WTF?! Diese ausgefranste Aura hätte der Horst mit einer Aura-Soma-Behandlung ganz schnell fixen können. Für ca. 75 Euro cash auf Täsch. Nachdem ich dankend abgelehnt hatte, war ich unten durch beim Horsti. Denn wenn Narzissten eins nicht mögen, dann sind das Leute, die sich ihnen nicht unterwerfen und durch die ihnen dann auch noch Geld durch die Lappen geht. Hinzu kam, dass die beiden erst seit wenigen Jahren Yoga praktizierten und auffallend wenig Ahnung von der Materie hatten. Das konnten sie aber kompensieren: mit Dominanz, irgendwelchen esoterischen Durchgeknalltheiten und einem fabelhaften Geschäftssinn. So konnte man bei ihnen unter anderem zusätzlich eine Aura-Soma-Ausbildung machen, die nur einen ganzen Nachmittag lang ging und für die man einen stattlichen Betrag lockermachen musste. Danach war man Experte. Für mich klang das eher nach dem schnellen Geld für die beiden. Irgendwas mit Ölen und Engeln haben sie auch noch angeboten, ich bin bei den Extras ausgestiegen und blieb beim Basicprogramm, nämlich Yoga, zog den Kopf ein und war froh, als alles vorbei war.

Solche Leute sind gefährlich, denn die beiden waren so weit von einer Erleuchtung entfernt wie mein Wäschetrockner, ließ einen aber glauben, dass sie eine Standleitung ins Nirwana hätten. Wie man aus der Psychologie weiß, sind Narzissten Menschenfänger. Ihre leichteste Beute sind schwache, angeschossene Leute, die man unter den Sinnsuchern massig findet. Narzissten strahlen etwas aus, was dem Schwachen fehlt, nämlich Stärke und Überlegenheit. Davon hätte der Schwächere gerne mehr und durch seine Anhängerschaft möchte er daran teilhaben.

Das erklärt auch den Erfolg mancher asozialen Partei in diesem Land, aber auch in Übersee. Narzissten finden bei ihrem Gegenüber schnell die vermeintlichen Schwachstellen (krasses Zickzackmuster in der Aura), deuten immer wieder darauf hin und halten so die Leute um sich herum klein und die Abhängigkeit groß.

Guru-Horst erklärte mir vor 50 Teilnehmern, dass meine Aura seit der Geburt meiner Tochter Zacken & Löcher hätte …

Sie geben sich außerdem oft charmant und sind wirtschaftlich erfolgreich. Schnell finden sie Jubelknechte, die daran mitwirken, dass sie nach oben befördert werden. Jeder von uns kennt so einen narzisstischen Mistkäfer. Laut, unsensibel, manipulativ, meint, er oder sie sei etwas Besseres, und schwimmt meistens ganz oben mit. Man könnte sich tagelang über so jemanden aufregen, aber eigentlich hilft nur umdrehen und gehen, da man diese Menschen nicht ändern kann. Psychologen beißen sich an denen schon ewig die Zähne aus. Unter dieser übermächtigen narzisstischen Fassade sind sie arme Regenwürmer mit einem schwachen Selbstwert, der bei dem leisesten Furz ins Wanken kommen kann.

☞ *Könnt ihr mal ausprobieren. Schönen Gruß von mir an euren Lieblingsnarzissten: Sagt ihm, dass er in Wirklichkeit ein Mistkäfer/Regenwurm/Riesenarschloch ist. Dann Kopf einziehen und schauen, was er macht. Gibt bestimmt einen Mordsknall.*

Wir sollten daher dringend aufpassen, wem wir uns anvertrauen. Seelenheil to go is nich. Für solche Sachen muss man sich eben Zeit nehmen und sollte genauer hinsehen, wer da vor einem steht.

EIN BISSCHEN DICK IST NICHT SO SLIM

✖✖✖

„There's people who don't want to see bodies like mine or bodies like their own bodies."
– Lena Dunham

Ups, jetzt habt ihr mich gerade beim Barbiefüttern erwischt. Die sah so schlecht aus, da musste ich etwas unternehmen. Mir tut sie fast ein bisschen leid, viel zu mager und so einen miesen Ruf, wer will das schon? Damals in meiner Kindheit war das mit ihr schon eine Katastrophe, umso größer die Überraschung, als ich eine Generation später festgestellt habe, dass sie noch immer das Lieblingsspielzeug vieler Mädchen ist und sie sich über die Jahrzehnte kaum verändert hat. Ein utopisches Schönheitsideal, das seit den 50er-Jahren die Kinderzimmer terrorisiert.

Hierzulande hat die Marke Barbie einen Bekanntheitsgrad von 100 Prozent. Jedes Mädchen besitzt im Schnitt sieben Stück davon.[1] Superberühmt, aber in Wirklichkeit eine äußerst bemitlei-

{1} Quelle: VOX, Süddeutsche TV

denswerte Kreatur, weil völlig lebensunfähig. Wissenschaftler haben errechnet, dass ein standardisiertes lebensgroßes Modell der Puppe bis zu 2,26 Meter groß sein würde.² Der dünne Hals könnte das Gewicht der Riesenbirne nicht tragen. Mit dem Vorbau und den verhältnismäßig winzigen Füßen würde Barbie vornüberkippen und die lebenswichtigen Organe hätten nicht genug Platz in ihrem Körper. Na bravo, Mattel, was soll denn der Schmarrn? Barbie ist zudem zu nichts zu gebrauchen, den einzigen Auftrag, den sie auf Erden hat, ist hübsche Kleider aus- und anzuziehen. Was lernen die Kinder dabei? Nix.

Frage: Warum wollen junge Frauen seit Generationen so aussehen wie Barbie, wenn's doch eigentlich gar nicht geht? Eine haarsträubende Studie von Forscherinnen der University of Sussex und der University of the West of England zeigte, welchen schlimmen Einfluss ein Stück Plastik auf das Selbstvertrauen unserer Kinder ausüben kann. Bei der Untersuchung wurden Mädchen zwischen fünf und acht Jahren in Gruppen aufgeteilt, einige Teilnehmerinnen bekamen Bilder von Barbies zu sehen, andere Bilder von Emme Dolls, den realistischen Puppen-Pendants, einer Frau mit Konfektionsgröße 44 nachempfunden. Danach fragte man die Mäuse, inwieweit sie mit ihrem eigenen Körper zufrieden wären. Diejenigen unter euch, die nah am Wasser gebaut sind, können jetzt schon mal die Taschentücher holen. Bei den Mädchen in der Barbie-Gruppe zeigte sich, dass die Unzufriedenheit mit dem eigenen Körper wesentlich höher war und diese Kinder einen stärkeren Wunsch nach einem dünneren Körper hatten als die anderen. Wir sprechen hier wie gesagt von fünf- bis achtjährigen Mädels. Quasi Babys, grad mal aus den Windeln raus, die sich mit Barbie vergleichen und davon ein geringeres Selbstwertgefühl bekommen.³

Es ist ja nicht nur Barbie, die uns alle irremacht. Unerreichbare Schönheitsideale werden allen vorgesetzt, egal ob Knirps oder

{2} http://www.daserste.de/information/wissen-kultur/w-wie-wissen/koerper-106.html
{3} http://willettsurvey.org/TMSTN/Gender/DoesBarbieMakeGirlsWantToBeThin.pdf

Oma. Irgendwann legen die Mädchen vielleicht den Plastikzombie beiseite, gucken dann aber Germany's Next Topmodel, hören Taylor Swift und finden die gephotoshoppte Gigi Hadid klasse. Dann werden Filme und Fernsehsendungen mit ranken und schlanken Schönheiten geguckt und am Schluss fühlen sich alle schlecht.

In den Medien sieht man meist nur schlanke Menschen, als hätten es die anderen nicht verdient, gezeigt zu werden. Ich will aber alle sehen und damit bin ich bestimmt nicht allein.

Dicke, dünne, junge, alte. Weil wir coole, kluge, lebensfrohe Vorbilder brauchen von allen Typen, die's gibt. Dazu bräuchte es aber von allen mehr Toleranz. Dass es an der fehlt, hat mir Facebook unlängst mal wieder gezeigt. Die meisten Facebook-Diskussionen gehen an mir vorüber, weil mir meist die Muße fehlt, mich irgendwo reinzuhängen. Außerdem möchte ich mich nicht mit jedem Kleingärtner duellieren, da das soziale Miteinander in den sozialen Netzwerken oft fehlt. Mein Onlineaktionismus beschränkt sich daher darauf, lustige Schwachsinnigkeiten zu teilen, die die Menschheit meist nicht weiterbringen.

Unlängst habe ich mich aber in eine Diskussion reingefressen wie ein auf Krawall gebürsteter Wadenbeißer. Es ging dabei um die Politikerin Claudia Roth. Obwohl ich bisher mit der Bundestags-Vize nicht so viel am Hut hatte, stand ich auf einmal hinter ihr wie die Cosa Nostra hinter Tony Soprano. Ich wusste über sie nur, dass sie nicht ganz so steif war wie der Rest, dass sie sich für die Integration von Migranten stark gemacht hat, grün ist und auch mal emotional sein kann. Das macht sie in meinen Augen sympathisch, weil ich sowieso nie verstanden habe, warum die bei all den Intrigen und Angriffen im Bundestag nicht ständig heulen oder um sich schlagen.

Claudia Roth trug beim Bundespresseball ein rotes Kleid, das ihr, wie ich fand, gut stand. Das Model Franziska Knuppe trug ein Kleid aus dem gleichen Stoff. Anderer Schnitt, andere Konfektionsgröße, anderer Mensch, anderes Alter, andere Berufsgruppe, andere Prioritäten im Leben. Ein öffentlich-rechtlicher Nachrichtensender machte auf seiner Facebook-Seite ein Posting, in dem er die beiden Damen nebeneinanderstellte und drüber schrieb: „Worst-Case-Szenario beim Bundespresseball".

Ernsthaft?! Trump, die Erderwärmung, Syrien, der IS und das ist der Worst Case? Wahrscheinlich gab's an dem Abend 30 Männer im gleichen Hugo-Boss-Anzug und den Reportern ging's links am Arsch vorbei. Dieses Posting wollte auch nicht auf den Ojemineda-haben-wir-das-Gleiche-an-ups-Case hinweisen, sondern sich darüber lustig machen, wie das Kleid an der beleibteren Frau Roth aussah. Ich weiß, wir haben schon von gröberen Gemeinheiten gehört, nur wurde diese sexistische Quälerei von unseren Gebührengeldern finanziert. Von der Bild-Zeitung erwarte ich mir genau diese Art von Berichterstattung, die natürlich mit auf den Zug aufgesprungen ist, aber nicht von einem halbwegs seriösen Nachrichtenportal. Was die Trolle[4] im Internet daraus gemacht haben, hat mich noch viel sauererererer gemacht. Ich muss nicht erwähnen, dass es nicht die Schönsten und Klügsten waren, die über Frau Roth hergefallen sind. Keiner von denen sah aus wie Franziska Knuppe, denn Leute wie sie haben so etwas gar nicht nötig. Was viele Internet-Trolle bei ihrer Hetze immer ausblenden: Man sieht deren eigenen Profilbilder und das ist auf mehreren Ebenen nicht so vorteilhaft für sie. Ich konnte nicht anders, als die Roth zu verteidigen, habe aber schnell gemerkt, dass die Welt davon auch nicht besser geworden ist und Facebook manchmal ziemlich doof sein kann.

[4] Der Troll ist laut Duden ein „Substantiv, maskulin, jemand, der [fortgesetzt] beleidigende und diskriminierende Kommentare ins Internet stellt". Eine ernst zu nehmende Plage, die mittlerweile durch alle Foren und Kanäle mobbt.

Eine meiner attraktivsten Bekannten ist eine sehr erfolgreiche TV-Moderatorin und macht zurzeit so ziemlich alles, was im öffentlich-rechtlichen Fernsehen so läuft. Neid, aber sie darf das. Ich gönn es ihr. Ein bisschen. Sie ist schlagfertig, klug und hat abartig schöne Haare. Die Venus sieht daneben aus wie Charlie Brown. Als sie mit einem neuen Wissensformat auf Sendung ging, gab's für diese Wahnsinnsbraut einen Mini-Shitstorm wegen ihres Aussehens. Initiiert von irgendwelchen Trudis und Hildes, die ein Problem mit den vollen Haaren hatten und den durchschnittlich großen Brüsten. Excusa, aber seit wann ist das schlecht? Auch hier wieder: Man konnte die Troll-Frauen sehen. Nicht gut! Optisch war die Beauty-Jury irgendwo zwischen Ma Flodder und Karl Dall angesiedelt. Mein Rat an all die Trolle weltweit wäre daher: Spiegel kaufen und die anderen in Ruhe lassen!

Was ich mit diesem kleinen Exkurs sagen möchte, weiß ich jetzt auch nicht mehr, außer dass das Internet manchmal ein Riesenarsch sein kann. Aber ständig bewertet zu werden, erlebe ich leider auch offline. Ich weiß nicht, wie oft ich mir schon hab sagen lassen müssen, was an mir nicht stimmt. Nase zu groß, Busen zu klein, zu viel Hüftgold, Doppelkinn, zu alt. Obwohl ich schlank bin, habe ich mir im Laufe meines Lebens schon ein paarmal angehört, dass das nicht so sei. Es gab Regisseure, die mir während der Dreharbeiten ins Ohr geflüstert haben: „Bauch einziehen und nicht nach unten schauen, da hast du ein Doppelkinn. Sieht nicht gut aus." In meinen Zwanzigern hab ich's noch bedröppelt hingenommen, meinen kleinen Wohlstandsranzen eingezogen, versucht nicht mehr nach unten zu gucken und mich dabei infrage gestellt. Irgendwann habe ich angefangen, solche Flüsterkommentare laut vorm ganzen Team zu wiederholen. „Ich habe dich gerade nicht so gut verstanden, ich soll wegen dem Doppelkinn nicht nach unten schauen und gleichzeitig den Bauch einziehen?! Danke für den Hinweis, aber das lassen wir jetzt mal so. So sehen Menschen nun mal aus, die Sachen essen. Das darf der Zuschauer ruhig mitkriegen". Freunde habe ich mir mit dieser Art keine gemacht, aber mein Bauch findet es klasse und ich ihn auch.

Ich habe nicht den Anspruch, wie ein Victoria's-Secret-Engel auszusehen, der gerade drei Tage vor der Show noch ein Baby zur Welt gebracht hat und die Pfunde mit drei Spinatblättern und zehn Liter Evian wieder weggekriegt hat. Ich lebe gesund und mache auch immer wieder Sport, weil's gut ist, aber wenn sich mein Körper außerhalb dieser überschaubaren Anstrengungen verformt, so möge die Macht mit ihm sein. Hauptsache g'sund. Ich habe auch keine Lust mehr, meine Makel zu verstecken, schon allein deshalb nicht, weil ich mit meiner Kindersendung eine Verantwortung trage. Die Kids dürfen ruhig wissen, dass es okay ist, wenn man so ist, wie man ist. Vielleicht rührt dieses Selbstverständnis aber auch daher, dass ich in einer Zeit groß geworden bin, in der die Ansprüche noch nicht so unerreichbar waren. Die Schönheitsideale meiner Kindheit waren Nena, Cyndi Lauper, die frühe Madonna. Da konnte man noch mithalten, Achselhaare und Sturmfrisuren hatten noch nicht so einen schlechten Ruf. Es menschelte.

Mit den heutigen Ansprüchen kommen die Kids immer weniger klar. 2006 fühlten sich noch 70 Prozent der Mädchen wohl in ihrer Haut, 2012 sind es laut WHO nur noch 43 Prozent. Die Schönheitsideale werden immer unerreichbarer, die Ansprüche an junge Mädchen immer höher.

Was ich sehr schade finde, ist, dass Frauen sich auch gar nicht mehr gefallen dürfen. Wenn man zugeben würde, dass man das mag, was man im Spiegel sieht, würde man Gefahr laufen, als selbstverliebt abgestempelt zu werden. Lieber rumjammern, wie fett und hässlich man ist, so lange, bis man es selbst glaubt. Ich

Aus einem Mops kann man keinen Windhund machen.

höre so selten Frauen sagen, dass sie sich zur Abwechslung auch mal schön finden oder dass sie irgendetwas an sich mögen.

In meiner alten Mädels-WG hatten wir tatsächlich eine Hausordnung, bestehend aus nur einer Regel: Es war strikt verboten, schlecht über sich selbst und sein Äußeres zu sprechen. Wir haben uns gegenseitig immer wieder Komplimente gemacht. Kam eine aufgebrezelt aus dem Bad, gab's schon mal Standing Ovations, gefolgt von einem „Werte Frau Mitbewohnerin, heute sind wir wieder einmal zum Niederknien schön". Wir hatten unseren Spaß damit und angefühlt hat sich's auch gut. Genau die Hausordnung gibt's bei mir und meiner Tochter jetzt auch. Sollte jeder einführen.

♡ *Ich möchte mich nicht schlecht fühlen, weil ich ein Mensch bin, der so aussieht, wie er aussieht. Keine Lust dazu. Trotz der ganzen Deckelungsversuche, die ich in 20 Jahren Medienzirkus so miterlebt habe, mag ich das, was ich im Spiegel sehe. Ich mag meine Nase, denn hätte ich die Standardversion, wäre mein Gesicht l-a-n-g-w-e-i-l-i-g. Ich mag meinen Wohlstandsbauch, weil er mich dran erinnert, dass er meine wundervolle Tochter beherbergt hat, und mir auch gezeigt hat, wozu mein Körper imstande ist.*

Schluss damit, dass wir ständig daran arbeiten, wie irgendjemand anderes auszusehen. Aus einem Mops kann man keinen Windhund machen. Jeder hat das Recht darauf, zufrieden mit seinem Aussehen zu sein – wie kleine Kinder, die die größte Freude damit haben, wenn sie sich im Spiegel sehen, und noch nichts von dem wissen, was da auf sie zukommt.

LÄUFT. NICHT.

✖✖✖

A: „Und du so beruflich?"
B: „Ich mache gerade mein freiwilliges
asoziales Jahr."

Es grenzt an ein Wunder, dass du diese Zeilen hier lesen kannst, denn das bedeutet, dass ich tatsächlich ein Buch zu Ende geschrieben habe. Mit richtigen Seiten. Yay! Wenn ich das kann, kannst du das übrigens auch, denn es ist stark davon auszugehen, dass ich fauler bin als du.

Gerne verplempere ich meine Zeit mit Zeugs, das mich geistig und körperlich null weiterbringt. Kaum eine Netflix-Serie, die ich nicht ganz gesehen habe, und kein Video, das mir je entgangen wäre. Ich kenn alle Pandabären-, Carpool- und Betrunkenen-Videos, die's gibt. Die Bilder auf Pinterest wurden von mir alle zu Tode gepinnt und die Fotos auf Instagram habe ich schon geliket, und zwar alle. Bevor ich diese Zeilen hier geschrieben habe, war ich 40 Minuten auf dem Instagram-Account von Drew Barrymore und dem des halben Casts von „Modern Family", außerdem wollte ich ganz dringend wissen, wer in Hollywood gerade mit wem rummacht und überhaupt.

In mir wohnt nämlich ein Faultier, das am liebsten zum Frühstück schon eine Packung Sour-Cream-Chips verdrücken würde, mit einem Pelz auf den Zähnen über einen längeren Zeitraum gut klarkommt und das, wenn es erst mal auf der Couch liegt, da auch bleibt. Lange.

Weil aber mein größeres Ich überrissen hat, dass das nicht gut ist, weil, weiß ich jetzt auch nicht mehr, habe ich beschlossen, an diesem bunten Treiben namens Leben teilzunehmen.

Das heißt aber nicht, dass das Faultier in mir nicht öfter mal das Kommando übernimmt und mir so Sachen ins Ohr schreit wie „Was soll'n der Scheiß jetzt! Green Smoothies?! Tu das sofort aus der Hand und hol dir das Red Bull. Maaannnn!" oder „Ist jetzt nicht dein Ernst, hier in der U-Bahn die Süddeutsche zu lesen? Für was hat denn der liebe Gott Candy Crush erfunden? Denk doch mal mit!"

Und jetzt, Hose runter: Ich bin ein Natural-born-Prokrastinator. Das heißt, ich schiebe auf und vertage, wo's nur geht. Irgendwie kam ich damit auch immer gut durch, weil die anderen auch nicht besser sind. Sogar statistisch gesehen. Das Faultier in mir hat sich jetzt nicht die Mühe gemacht, krass nach wissenschaftlich fundierten Quellen zu recherchieren, deshalb: Wikipedia meint, nur 1,5 Prozent aller Studenten erledigen ihre Arbeiten sofort, der Rest ... Moment, das krieg ich im Kopf noch hin ... Irgendwas um die 95 Prozent macht's auf den letzten Drücker. Prima Leute wie ich finde, die setzen Prioritäten und haben zwischendurch bestimmt mit irgendetwas ihren Spaß.

Diese träge Masse der aufschiebungsfreudigen Mehrheit hat vor allem in den letzten Jahren wissenschaftliche Aufmerksamkeit bekommen. Bisher ist man immer davon ausgegangen, dass das Aufschieben als eine psychische Dysfunktion zu verstehen ist, eine

Art Handicap. Aber wie kann etwas als Störung angesehen werden, wenn alle davon betroffen sind? Wer sagt, was normal ist? Die fleißigen Doozers von den Fraggles? Jeder in meinem Umfeld schiebt auf. Mein Mikrokosmos, mein Maßstab = alle faul.

Einige schlaue Wissenschaftler sehen das ähnlich. Prokrastinieren ist nämlich doch nicht so verkehrt, wie zum Beispiel die beiden Herrschaften mit den klingenden Namen Angela Hsin Chun Chu von der Columbia University in New York und Jin Nam Choi von der McGill University in Montreal herausgefunden haben. Von ihnen kommt die sehr erhellende Arbeit „Rethinking Procrastination: Positive Effects of ‚Active' Procrastination Behavior on Attitudes and Performance"[1] (Gruß vom Faultier: Kannste dir selbst übersetzen). Darin wird beschrieben, wie lässig das Aufschieben eigentlich ist. Sie haben die Prokrastinatoren in die aktiven und in die passiven unterteilt. Auf den ersten Blick kriegen beide Gruppen nix auf die Reihe. Aktive Prokrastinatoren schieben genauso stark auf wie die passiven Kollegen. Die Aktiven haben aber noch das Gefühl, Herr ihrer Zeit zu sein und alles unter Kontrolle zu haben. Verglichen damit sind die Passiven völlig lost in Space. Wenn bei den aktiven faulen Säcken etwas Unerwartetes auftaucht, können die schnell umswitchen und sich um die Aufgaben kümmern, die ihnen wichtig erscheinen. Sie sind recht flexibel. In einer Welt, in der sich mit jedem iOS-Update alles ändert, ist das eigentlich ziemlich dufte. Aktive Prokrastinatoren können demnach spontan auf unerwartete Ereignisse reagieren. Klasse!

Wissenschaftliche Studien gehen sogar so weit zu behaupten, dass Prokrastinatoren wesentlich kreativer sind als so Duracell-Hasen, die auf Knopfdruck alles erledigen. Viele der besten Ideen kommen oft nach einer langen Phase des Eierschaukelns.

Udo Jürgens zum Beispiel war, nachdem er zwei Jahre hintereinander krampfhaft versucht hatte, den Grand Prix Eurovision de la

---

[1] https://www.ncbi.nlm.nih.gov/pubmed/15959999

Chanson zu gewinnen und beide Male nicht einmal ein Platzerl aufm Stockerl bekommen hatte, erst mal stinksauer und wollte mit der ganzen Mischpoke nix mehr zu tun haben. Er zog sich zurück und machte gar nix. Lange. Und bäm, da passierte es: „Merci Chérie". Wie das dann ausging, brauch ich niemandem zu erzählen. Falls euch also mal jemand künftig ein schlechtes Gewissen fürs Nixtun einreden möchte, ruhig mal so etwas vom Stapel lassen: „Ich stecke gerade in der mentalen Vorbereitungsphase eines Jahrhundertwerks." Und falls ihr noch mehr Argumente braucht, hier kommen weitere Gründe, die Viere regelmäßig von sich zu strecken: Die Professorin Jihae Shin von der University of Wisconsin machte eine Untersuchung, bei der ich gerne Versuchskaninchen gewesen wäre.[2] Sie fragte Menschen nach neuen Geschäftsideen. In einer Gruppe konnten die Befragten direkt antworten, in der anderen ließ man die Leute noch mal eine Runde Minesweeper oder Solitaire spielen. Und ratet jetzt mal, wer am Ende die besseren Ideen hatten? Richtig, die Zocker. Der Psychologieprofessor Adam Grant erklärt diese verbesserte Leistung damit, dass die ersten Gedanken meist herkömmlicher, gewöhnlicher sind. Erst wenn Luft drankommt, wird das Gedachte auch ein bisschen innovativer. Weiter sagte er in einem Interview für den Radiosender BBC 4, dass die größten Reden aller Zeiten bis zur letzten Minute immer wieder umgeschrieben wurden. Erst dadurch hatten die Redner die Flexibilität, auf der Bühne zu improvisieren, anstatt irgendetwas runterzubeten, was schon vor Monaten in Stein gemeißelt wurde.[3]

Viele große Werke würde es heute gar nicht geben, wenn der Mensch die Dinge immer prompt erledigt hätte. Martin Luther Kings Rede „I have a dream", Abraham Lincolns „Gettysburg Address" und Leonardo da Vincis „Mona Lisa" haben wir der beeindruckenden menschlichen Fähigkeit zu verdanken, Dinge bis zum Sankt-Nimmerleins-Tag aufzuschieben.[4]

{2} https://www.nytimes.com/2016/01/17/opinion/sunday/why-i-taught-myself-to-procrastinate.html
{3} http://www.bbc.co.uk/programmes/p03lt8gg
{4} http://www.independent.co.uk/news/science/procrastination-makes-you-more-creative-research-says-a6923626.html

Nicht jeder von uns ist Redner oder Maler, aber aufschieben können und sollten wir alle.

☞ Und wer's noch immer nicht glauben will, hier die zehn Vorteile, warum aktives Aufschieben lässig ist:
1. Du bist effizienter als andere und brauchst am Ende weniger Zeit für die gleiche Arbeit.
2. Du kannst nichts falsch oder kaputt machen.
3. Du kannst in der Zwischenzeit eine Staffel „Breaking Bad" gucken.
4. Das meiste erledigt sich ohnehin von selbst.
5. Wenn du lange genug wartest, macht es vielleicht irgendwann ein anderer für dich.
6. Du bist wesentlich flexibler und kannst umswitchen, wenn andere Aufgaben deine Wege kreuzen (siehe Punkt 3).
7. Deine Aufgabe erscheint dadurch wahnsinnig arbeitsintensiv; das führt eventuell zu einer höheren Wertschätzung deiner Arbeit, während du aber der Aufgabe aus Punkt 3 nachgehst.
8. Man wird nicht mehr so viel von dir verlangen.
9. Dir entgeht kein putziges Pandabär-Video mehr.
10. Dich macht beim Candy Crush keiner mehr platt.

KONFLIKTMANAGEMENT NACH DEM HULK-PRINZIP

✖✖✖

*In mir steckt ein Maserati,
der geht in zwei Sekunden
von Lillifee auf Ghetto Queen.*

Konflikte, Reibereien und Meinungsverschiedenheiten kann man sich an jeder Ecke und in jeder Facebook-Timeline abholen. Die Leute wollen Recht haben, gleichzeitig aber auch verstanden werden. Bei so vielen Meinungen, Wehwehchen und Bedürfnissen ist das aber unmöglich, deshalb gibt's Knatsch.

Als Sensibelchen bin ich jemand, der zu den anderen erst mal einen Höflichkeitsabstand einhält. Da das die wenigsten machen, wird dieser von diversen Elefanten allerdings regelmäßig niedergetrampelt. Ums in den Worten des Abou-Chaker-Clans auszudrücken: ends das Opfer! Möchte man meinen ...

Ja stimmt: Meine Haut hat keine Goretexbeschichtung und die Garstigkeiten dieser Welt können an mir nicht abperlen. Sei's die herablassende Art einer Bekannten, die mit mir redet wie mit einem Schulkind und versucht, mich zu erziehen. Sorry, schon passiert! Vor ein paar Dekaden und das von meiner Mami. Oder das Augenrollen und Gestöhne im Job, wenn ich irgendetwas nicht sofort auf Sekunde zwei raffe. Dann gibt's noch die miesepetrige Nachbarin, die mich trotz freundlichen Grüßens jedes Mal ignoriert. Oder die alte Schulfreundin mit ihrem schwer erziehbaren Kind, die gerne meinen sehr umgänglichen Nachwuchs ins Visier nimmt und ungefragt Optimierungstipps verteilt. Auch wenn die eben genannten Herrschaften oder Situationen es oft nicht wert sind, kann mich so etwas schon mal den halben Tag aus der Bahn werfen.

Chronologisch läuft das dann so ab: Erst könnt ich heulen, dann werde ich stinkig und mit der aufgestauten Wut melde ich mich dann zu Wort. Wenn man so über meinen Gartenzaun trampelt, wird das Opfer zum Hulk. Dann wird's hart. Emily Erdbeer goes Predator. Augen zukneifen! Was dann kommt, ist nicht schön. Saucool wäre es, wenn ich mich nach so einer Verwandlung lässig ohne Helm auf mein Motorrad schwingen und in Richtung Horizont auf zu neuen Abenteuern brettern könnte! Aber nein, in mir arbeitet das schön weiter.

Da mir von klein auf erklärt wurde, dass man als Frau lieb zu sein hat, gibt's dann diesen inneren Konflikt, der sich immer dann auftut und wie eine Fischvergiftung anfühlt, wenn ich meine Rechte mit Nachdruck eingefordert habe. Ratio weiß natürlich, dass ich ohne die Gunst dieser Narzissten sehr gut weiterleben kann, aber meine Gefühle lügen mich an und sagen: „Böse Tanja, ganz, ganz böse!"

Den Ausknopf für diese Schuldgefühle konnte ich bisher noch nicht aufspüren. Er ist irgendwo tief in meiner Matrix vergraben und setzt sich zusammen aus Angst vor Ablehnung und Bestrafung. Damit bin ich ohne Zweifel nicht allein.

Da kann die familiäre Erziehung noch so emanzipiert gewesen sein, die Gesellschaft gibt uns bis heute das Gefühl, dass man als Frau lieb zu sein hat, selbstlos, fleißig, höflich und bescheiden mit schönen Haaren. So zu sein, funktioniert nur nicht in einer Welt, in der Lillifee aufs Maul kriegen würde.

Ich möchte nicht die Axt im Wald sein und plädiere grundsätzlich für mehr Mitgefühl und einen freundlicheren Umgang, aber auf beiden Seiten und auf Augenhöhe. Ich bin zum Hausmeister genauso nett wie zum Programmdirektor, will niemanden unterdrücken, möchte aber auch in Ruhe gelassen und gleichermaßen behandelt werden. Wer's nicht kapieren will, dem trete ich gerne gegen das Schienbein. Mehrmals, wenn's sein muss. Dann ist Schluss mit Diplomatie. Mit dieser Art können Leute schwer umgehen. Bis es scheppert, bin ich nämlich sehr handsam, probiere es mit Nett-Reden und Freundlich-Grenzen-Setzen, wenn das aber nicht gehört wird: Wow, Riesenüberraschungseffekt, wenn mein Gegenüber sieht, wie ich auch kann. Und ich nehme in Kauf, dass ich mich danach verstoßen und ungeliebt fühle, weil ich weiß, dass es von einer ollen Konditionierung kommt, die mir bis heute am Schuh klebt und die ich vielleicht mit etwas mehr Lebenserfahrung noch loswerde. Aber hey, es gibt genügend Leute, die einen trotzdem mögen. Manche sogar dann erst recht. Konflikte sind nicht schön, aber besser so, als blöd wie ein Feldweg auf sich herumtrampeln zu lassen.

Hier kommt eine weitere gute Nachricht: Wir haben es in der Hand, unsere Kinder anders zu erziehen. Andere Bilder in die Welt zu tragen. Daher hört meine Tochter täglich diese Leier:

♡ *Du musst nicht allen gefallen, weil du gut bist, so wie du bist. Hau auch mal auf den Tisch, wenn's sein muss! Mama und Papa stehen wie eine Massivholzschrankwand hinter dir!*

Selbstlos, fleißig, höflich und mit schönen Haaren – funktioniert nur nicht in einer Welt, in der Lillifee auf's Maul kriegen würde.

Vielleicht wird sie mal ein tafferes Cookie als ihre Muddi. Und wenn wir es schaffen, unsere Kinder so zu erziehen, dass sie nicht vor jedem Gockel in Deckung gehen, sich nicht von Posern beeindrucken lassen und sich klar und deutlich ausdrücken können, wird das bestimmt irgendwann eine Welt, in der Duckmäuse vom Aussterben bedroht sein werden. Es wird mehr diskutiert und weniger unterdrückt werden. Man wird besser überlegen, was man dem anderen zumuten kann und was nicht. Es wird mehr Gespräche auf Augenhöhe geben und Partnerschaften werden gleichberechtigt sein. Das wird schön für alle, denn unter patriarchalen Unterdrückungsmechanismen leiden viele – Männlein wie Weiblein. Dagegen zu kämpfen lohnt sich!

UNGEFRAGTE RATSCHLÄGE BEI DER PARTNERSUCHE

✖✖✖

*Ich muss deine Tipps noch abheften.
Im Scheiß-drauf- oder
Mir-doch-egal-Ordner?*

Über ein Jahrzehnt lang habe ich versucht, mich mit dem einen oder anderen Mann zu paaren, und hatte damit so meine Schwierigkeiten. Der Topf blieb lange ohne Deckel. Da kamen dann von außen oftmals ungefragte Ratschläge wie „Du musst dich selbst erst lieben, dann liebt dich auch dein Gegenüber" oder „Du darfst vom Partner nicht zu viel erwarten" und anderes Vorgekautes und meist nie wirklich Vorgelebtes.

Beim Ratschlag „Du darfst nicht so hohe Ansprüche haben" wurde ich irgendwann mal grantig. Der Rat-Schläger hätte sich nämlich vorher die Riege meiner Exfreunde genauer anschauen müssen – von Anspruch war da zwischendurch nicht viel zu sehen. Zahlreiche Beweise, wie meschugge ich auch sein kann.

Leider: Diese wertlosen Tipps kann man trotzdem nicht ignorieren. Sie beißen sich fest wie ein unerwünschter DJ-Ötzi-Ohrwurm und man kriegt sie ebenso schwer wieder aus dem Kopf. Im schlimmsten Fall führen sie sogar dazu, dass man sich sehr infrage stellt oder irgendwann mal in Erwägung zieht: Vielleicht soll es doch der untreue, respektlose Einzeller sein? Wenn ich mich dann ganz doll lieb habe, dann kann ich es mit dem vielleicht sogar irgendwie aushalten. Meinem jüngeren Ich, das genau auf solch verrückte Trugschlüsse gekommen ist, würde ich heute sagen: Hör nicht hin, alles Quatsch, brauchst dich nicht verbiegen. Du bist völlig in Ordnung.

Manche haben das Glück, einen kompatiblen Partner zu finden, andere müssen auf der Suche nach ihrem Prinzen Hunderte Kröten küssen. Wer hat denn auch gesagt, dass die Sache mit der Paarung so einfach sein soll? Sogar die Besten scheitern daran. Einige ganz wunderbare Menschen aus meinem Umfeld sind allein und man kann sich noch so sehr bemühen, bei denen ein grobes Fehlverhalten zu finden – da is nix! Ich schwöre! Wenn ich im Gegenzug aber sehe, wer sich alles erfolgreich gepaart hat, dann sind das nicht immer die Schönsten, Klügsten, Erhabensten oder Pflegeleichtesten. Und das ist auch gut so, die Menschheit wäre sonst schon längst ausgestorben, wenn sich nur diese jene vermehren würden.

So und jetzt kommen wir noch mal zum eigentlichen Problem, zu diesen ungebetenen Ratschlägen, die sich reinbohren wie Zecken und einen gar nicht mehr loslassen wollen.

 Hier kommt eine von mir erprobte, wasserdichte Gegenschlagtechnik: Sobald man beratschlagt wird, erst einmal genau hinschauen, welcher Gollum da vor einem sitzt, dann sofort den Spieß umdrehen und den Sozialpädagogen rausholen à la „Du, mal was ganz anderes, du wirkst so angespannt, läuft's grad nicht so gut bei euch?".

Manche haben das Glück einen kompatiblen Partner zu finden, andere müssen auf der Suche nach ihrem Prinzen hunderte Kröten küssen.

Nicht dass es mich jemals groß interessieren würde, aber mit dieser Technik kann man sein Gegenüber möglicherweise schnell entwaffnen. Gerade in Paarungsangelegenheiten ist das berühmte Vor-der-eigenen-Tür-Kehren nämlich absolut notwendig.

Kein Voodoozauber, keine große spirituelle Erfahrung oder irgendwelche Selbstkasteiungsversuche, sondern Fortuna selbst hat mich zu guter Letzt zu einem netten, ehrlichen Mann geführt, der gerne mit mir zusammen ist und ich auch mit ihm. Ich bin genauso liebeswert und unausstehlich wie davor, nur hatte ich diesmal Dusel.

DER ERKLÄRBÄR

✖✖✖

„Ich bin so klug, ich bin so klug! K-L-U-K!"
– Homer Simpson

Ich komme jetzt mal mit einem ganz neuen Wort ums Eck. Gibt's erst seit 2015 im deutschen Sprachraum. Steckt quasi noch in der Luftpolsterfolie und kann von uns nun ausgepackt werden. Die Situation, die das Wort beschreibt, ist aber so alt wie die Menschheit selbst. Na, gespannt?! Geht so?! Na gut: Mansplaining. Das Wort setzt sich zusammen aus Man (will ich euch jetzt nicht übersetzen) und splaining (Kurzform von „explaining", also „erklären"). Auf gut Deutsch: Herrklären. Dieses Herrklären/Mansplaining passiert immer dann, wenn ein Mensch (oft ein Mann) einem anderen Menschen (oft einer Frau) die Welt erklärt und davon ausgeht, dass das weibliche Gegenüber grundsätzlich weniger Ahnung hat, obwohl es in Wirklichkeit vielleicht sogar andersrum ist. Kurzum, stinknormales Montagsmeeting in vielen deutschen Firmen. Wer hat das noch nie erlebt, mitten im Satz ausgebremst und belehrt zu werden, und das ausgerechnet von einer leicht runtergedimmten Leuchte? Die Amerikaner haben das Phänomen mit dem Wort „Mansplaining" dingfest gemacht und beschäftigen sich schon seit ein paar Jahren damit.

Natürlich muss man sich Dinge auch mal erklären lassen, weil man sonst ganz schön blöd sterben muss. Nur lasse ich mir nur ungern meine Lebenszeit stehlen, indem mir Menschen Dinge erklären, die ich schon längst begriffen habe. Eine weitere unangenehme Komponente des sinnlosen Gelabers ist, dass sich das Gegenüber durch seine ach so schlauen Belehrungsversuche geistig überlegen fühlt.

Es klingt vielleicht so, als würde ich die gesamte „Mensworld" in einen Topf schmeißen. Mach ich aber gar nicht. Ich mag Männer. Ich habe in meinem Leben schon großartige Exemplare getroffen, die mich unterstützt und an mich geglaubt haben, die mir zugehört haben, von denen ich einiges lernen durfte und die mich Tränen lachen ließen. Einige der besten Menschen, die wir so haben auf dieser Erde. Nur damit das klar ist, sei das an dieser Stelle gesagt.

Es gibt aber eben auch andere und das sollte man nicht unter den Tisch kehren. Klugscheißer, Besserwisser und Wichtigtuer. Darunter auch viel harmloses Kleinvieh, das schnell Ruhe gibt, wenn es einen verbalen Schubser bekommt. Hardcore-Mansplainer hingegen kannst du noch so zurücktreten, die spüren gar nichts. Sie fühlen sich ihren Gesprächspartnern derart überlegen, dass sie meinen, ihre vermeintliche Genialität immer wieder zum Ausdruck bringen zu müssen.

Gibt's auch in weiblicher Form, natürlich. Ich selbst habe mich auch schon ein paar Mal dabei erwischt, wie ich vor anderen ganz schlau schwadroniert habe. So was in der Art hat wohl jeder schon mal abgeliefert. Solange es aber nicht zum persönlichen Standardprogramm gehört und man „'tschuldigung!" sagen kann, ist alles okay. Kritisch wird's nur, wenn man permanent meint, man sei geistig ganz obenauf.

In meinem früheren Kommilitonenkreis gab's auch so einen, der wusste wirklich alles. Das Thema konnte noch so weit von seinem Wissensspektrum entfernt sein, er nutzte jede ihm sich bietende Gelegenheit, ungefragt sein gesammeltes Halbwissen auszubreiten. Faszinierend, dieses Selbstbewusstsein. Ich hatte persönlich die große Ehre, einmal einem exklusiven Yogareferat von ihm beizuwohnen, obwohl er selbst noch nie auf einer Matte gelegen hatte. Zu Wort gekommen bin ich dabei kaum. Meine wenigen Halbsätze wurden gleich zunichtegemacht, weil er es ja besser wusste. Austausch = 0. Wissenstransfer = 0. Redezeit im Verhältnis 97:3. Ihr merkt, das kann langweilen.

Wie bereits erwähnt, gibt's aber auch Damen, die das ganz gut draufhaben, sogenannte Mansplainerinnen. So kreuzte zum Beispiel einmal eine meinen Weg, deren Selbstvertrauen in keinem Verhältnis zu ihrem Wissen stand. Ihr Auftreten war stets bewundernswert. Der Spruch „Less is more" ging da voll auf. Es war durchaus inspirierend zu sehen, wie weit man mit so einfachen Mitteln kommen kann. Ich hätte die Dame dafür feiern wollen, wäre da nicht die unangenehme Tatsache gewesen, dass sie ständig versucht hat, mir die Welt zu erklären. Obwohl ich ihr immer wieder gegen das Schienbein getreten habe, konnte sie es nicht sein lassen.

Was Mansplainer und Mainsplainerinnen nicht wahrhaben wollen: Das Gegenüber ist nicht so blöd, wie sie annehmen.

☞ *Jeder weiß irgendwas besser, hat irgendetwas eher begriffen. Der Landwirt weiß mehr über Natur, Ackerbau und Tiere, die Putzfrau mehr über Ordnung, Sauberkeit und körperlich harte Arbeit. Ein Kind weiß, wie man unvoreingenommen auf Leute zugehen kann, ein Teenager, wie Snapchat funktioniert. Jeder lebt sein Leben und macht in seiner kleinen Welt seine eigenen Erfahrungen, daher darf man nie davon ausgehen, dass das Gegenüber ein Vollpfosten ist.*

Nur im Austausch können wir voneinander profitieren, alles andere macht doof.

Zudem glaube ich, je mehr man weiß, desto mehr weiß man, wie wenig man weiß. Daher muss man schon ziemlich wenig wissen, um zu meinen, man würde mehr wissen als der Rest. Ihr wisst schon ...

Als junge Frau habe ich mir oft die Welt erklären lassen. Viele gingen davon aus, jung + hübsch + blond = krass doof. Da ich ein selbstkritischer Zeitgenosse bin, war ich eine leichte Beute für diverse Klugscheißer. Hinzu kam, dass ich mich im Bereich der simplen Unterhaltung aufgehalten habe, und dort muss man kein Nanowissenschaftler sein, um sich zurechtzufinden. Ich würde sogar so weit gehen zu sagen, dass das Denken einem da eher ziemlich im Weg stehen kann und es besser ist, manche Sachen unhinterfragt mitzumachen. Als ich mit Anfang 30 in einer Livesendung einen Zwölfjährigen ernsthaft übers Knutschen ausfragen musste, war auch für mich klar: Da bin ich jetzt rausgewachsen. Noch so eine dumme Frage und ich krieg einen Gehirnschlag.

Danach ging's für mich zurück an die Uni. Massive Bildungslücken waren zu füllen, die sich durch die geistig Dürre beim Unterhaltungsfernsehen aufgetan hatten. Weil ich die Welt ein bisschen besser verstehen wollte, habe ich internationale Beziehungen studiert mit dem Ergebnis, dass ich erkennen musste, dass die Welt nicht so einfach zu erklären ist, ich aber genauso das Recht habe wie alle anderen, den Mund zu irgendwelchen politischen Themen aufzumachen. Welterklärungsversuche kommen hingegen nicht mehr so gut an bei mir. Dialog geht immer.

Mal ehrlich: Sind wir nicht alle Riesenfachidioten? Allein könnte ich gar nichts. Wir funktionieren alle nur im Kollektiv. Das Internet wurde von eine großen Gruppe Menschen erdacht und entwickelt. Der Einzelne macht ein paar Tweets und verschickt Einhorn-Emojis, kann aber nie und nimmer das Netz in seinem heutigen Umfang verstehen, geschweige denn nachbauen.

DER ERKLÄRBÄR

Je mehr man weiß, desto mehr weiß man, wie wenig man weiß.

Unserer Beschränktheit würden wir uns schnell bewusst werden, wenn wir allein in der Wildnis wären. Der Entwicklungsbiologe Gerald Crabtree von der Stanford University schrieb im Fachblatt „Trends in Genetics", dass der Mensch als Jäger und Sammler weit mehr auf dem Kasten hatte als die heutige Version 2.0. Als die Menschheit anfing, Ackerbau zu betreiben und in größeren Gruppen zusammenzuleben, ging geistig einiges den Lokus runter. Der Einzelne musste intellektuell nicht mehr so viel leisten.[1] Die Aufgaben wurden aufgeteilt, man kümmerte sich nur mehr um seinen Bereich. Sag ich ja die ganze Zeit, alles Fachidioten! Daher vermeide ich Mansplainer und lass mir die Welt nur noch von Tarzan erklären.

Mansplainer macht man übrigens ganz schnell ausfindig. Einfach mal auf Facebook eine x-beliebige Infografik posten und schon kommen sie aus ihren Löchern gekrochen.

Haben den ganzen Tag nichts zu melden, aber da werden sie dann zum Alleinherrscher ihrer Timeline und erklären allen, wie's läuft. Backgroundwissen muss man nicht haben, starke Meinungen sind gefragt! Hängen sowieso nonstop auf Facebook rum, da kriegen sie ja mit, was geht. Reicht völlig aus, um Oberstudienrat vom ganzen Internet zu werden.

Hatte vor ein paar Tagen gleich zwei Mansplainer an einem FB-Posting dranhängen. So ein Glück aber auch! Mein Fehler: Ich habe eine Statistik geteilt, die zeigte, dass amerikanische Wähler unter 25 in einem Verhältnis von 504:23 demokratisch wählen würden. Das fand ich, neben all den schlechten Nachrichten, die man so liest, mal richtig erfreulich. Keine fünf Minuten später wurde ich

---

{1} http://www.independent.co.uk/news/science/human-intelligence-peaked-thousands-of-years-ago-and-weve-been-on-an-intellectual-and-emotional-8307101.html

von einem mir gänzlich unbekannten Herrn als naiv und ahnungslos bezeichnet. In einem 37 Zentimeter langen Posting wollte er mir danach mit recht limitierten geistigen Mitteln die Welt erklären. Hab's leider nicht zu Ende gelesen, denn darunter lächelte mir ein allzu niedliches Katzenvideo entgegen.

Die amerikanische Journalistin und Autorin Rebecca Solnit hat sich 2008 schon mit dem Erklärbär-Phänomen auseinandergesetzt und den Begriff Mansplaining zwar nicht erfunden, aber mitgeprägt. In ihrem Essay „Men Explain Things to Me – Facts Didn't Get in Their Way" erzählte sie eine Anekdote: Ein älterer Mann berichtete ihr von einem Buch, das er offensichtlich nicht einmal gelesen hatte. Ihre Freundin, die bei dem Gespräch danebenstand, wies diesen Herrn immer wieder darauf hin, dass Frau Solnit dieses Buch höchstpersönlich geschrieben hatte, doch der Mann referierte unbeirrt weiter und ging auf das Gesagte nicht ein. Süß, gell?! Das Alphamännchen wollte Wissensmacht demonstrieren, ging in diesem Fall halt voll in die Hose.

Rebecca Solnit geht in ihren Essays so weit zu sagen: „Das geschilderte Gesprächsverhalten ist eine Methode, im höflichen Diskurs Macht auszuüben – die gleiche Macht, mit der auch im unhöflichen Diskurs und durch Akte körperlicher Einschüchterung und Gewalt Frauen zum Schweigen gebracht, ausgelöscht, vernichtet werden – als Gleichwertige, als Partizipierende, als Menschen mit Rechten und viel zu oft schlicht als Lebende." Ja, die Aussage kann man mal für ein paar Minuten auf sich wirken lassen bzw. im Sozialpädagogen-Sprech: Ich lass das jetzt mal so stehen und ihr schaut selbst, wie es euch damit geht.

Auch wenn wir diesen Zustand so schnell nicht ändern können, so sollten wir aber heute schon mal damit anfangen, dem Erklärbären den Wind aus den Segeln zu nehmen. Am besten, indem man ihn nicht so ernst nimmt, das mag der nämlich am allerwenigsten.

Hier neun Lösungsvorschläge für den täglichen Umgang mit Mansplainern:
1. So verrückte Sachen sagen wie „Stopp, ich möchte das nicht!" oder „Schnauze!".
2. Während des Vortrags den Dr. Alban machen, „Sing Hallelujah" performen.
3. Dank aussprechen, denn ohne seine/ihre Mithilfe wäre man mit dem Kopf gegen die nächste Schrankwand geknallt.
4. Pupsgeräusche während des Vortrags von sich geben. Aus Achselhöhlen, Händen, mit der Zunge oder in echt.
5. Davonlaufen, um Hilfe schreien.
6. Nach dem Vortrag klatschen, eine Welle machen, Schulter klopfen, Ghettofaust anbieten. Alles auf einmal!
7. Verbal gegen das Schienbein treten. Fest.
8. Den Vollpfosten spielen, saublöd nachfragen und dabei aus dem Mund sabbern.
9. Dem Erklärbären eine Urkunde überreichen.

PYROTECHNIK MIT CAPTAIN JACK SPARROW

✖✖✖

*Die Realität könnte auch mal
einen Hugo vertragen.*

Mutti ist eine, die alles auf die Kette kriegt. Oder eben auch nicht, so wie ich. Der letzte Kindergeburtstag meiner Tochter hat mir das mal wieder veranschaulicht. Ihr hättet die Gesichter meiner Vorstadtnachbarschaft sehen sollen, als ich eine Tiefkühltorte von Mama Coppenrath & Wiese auf den Tisch stellte. Eigentlich hätte ich dafür Beifall ernten sollen, weil ich vernünftig genug war, ihnen keine selbst gepfuschte Matschepampe vorzusetzen, und in der Zeit Wichtigeres zu tun hatte. Stattdessen waren Vorwürfe und Verachtung in den Gesichtern zu finden.

Kindergeburtstage in einer Vorstadtsiedlung machen dich fertig. Zu viel Druck. Das war mal anders. In meiner Kindheit gab es Kuchen und Limo, danach waren die Kinder sich selbst überlassen. Die Geburtstagspartys, die es zu meinen Ehren gab, kann ich an einer Hand abzählen. Heute organisiert manche pflichtbewusste Mutter bis zu drei Partys pro Geburtstag für ihr Kleinkind. Unterteilt nach Zielgruppen, sprich: Familie, Freunde oder Kindergarten. Dazu gibt's meistens ein Motto inklusive Verkleidungen, Schnitzeljagd, selbst gebackener Torte (ohne mich!), Cupcakes, Muffins und Cakepops. Dazu Deko, Konfetti, Luftschlagen, Luftballons, Partyspiele und am Abend Pizza, Burger oder Spaghetti. Ihr merkt schon, Riesenstress – das war aber jetzt nur das Standardprogramm ...

Die für mich gruseligste Entwicklung in diesem Kontext ist, dass Mütter den geladenen Gästen vorschreiben, was sie zu schenken haben. Das kann im schlimmsten Fall Geld sein oder vom Geburtstagskind vorher ausgewählte Spielsachen. Spielwarenhandlungen bieten Fächer an, in denen Kinder ihre Wunschgeschenke hinterlegen, aus denen die Gäste wählen sollen, oder man bekommt über eine App eine Wunschliste mit den Links zum Onlineshop. Selbst basteln oder überraschen lassen ist im Kindergarten sooo yesterday. Knallhartes Business für alle Beteiligten.

Beim letzten Geburtstag meiner Tochter haben wir uns auch ins Zeug gelegt und zehn Kinder ins Dino-Museum eingeladen. Aus einem mir schleierhaften Grund liebt meine Tochter nämlich Dinosaurier über alles. Sie kennt sie alle beim Namen wie ich die Promis aus der Gala. Eine zauberhafte Paläontologin führte die Zwerge durchs Museum. Sie durften Knochen anfassen, toben, basteln, danach gab es Torte und Limo. Eigentlich hätten alle zufrieden sein können. War nur nicht so.

Den ersten Partyknick habe ich verursacht, als ich die Discounter-Limo auf den Tisch gestellt hatte. Entsetzte Blicke, als würde ich den Kindern gerade Cognac einschenken. Das zweite No-Go war die bereits erwähnte Torten-Gate-Affäre. Wie konnte ich nur? Blicke, als hätte ich gerade eine Katze überfahren. Richtig unten durch war ich aber erst beim Verteilen der Goodie-Bags.

Kleine Randnotiz: Jedes Kind kriegt heutzutage nach einer Party eine Tüte mit Süßigkeiten und Spielsachen. Der Content kann mal abartig viel oder auch mal weniger sein.

Da unangemeldete Geschwisterkinder bei der Geburtstagparty dabei waren, habe ich versucht, den Inhalt der Goodie-Bags gerecht zu verteilen, damit sich keiner benachteiligt fühlt – das gelang mir nur mäßig. Je dünner die Tüten wurden, umso größer die Enttäuschung. Man ließ mich deutlich spüren, dass ich versagt hatte. Nicht alle waren von mir enttäuscht, aber einige. Genug, um mich danach schlecht zu fühlen.

Monate später war meine Tochter bei einer Piraten-Bombast-Party eingeladen. Es fehlten nur noch Pyrotechnik und Johnny Depp, der als Captain Jack Sparrow verkleidet Luftballontierchen aufbläst. Meine Tochter machte dem Geburtstagskind Komplimente für die prächtige Sause und kassierte daraufhin Häme. Sie musste sich von einem Siebenjährigen mit Augenklappe anhören, wie lahm im Vergleich dazu ihre Party im Dino-Museum war. Das traf sie sehr und mir tat das wahnsinnig leid. Ich fühlte mich schuldig.

Das Gefühl wich aber. Der Grant machte sich nach und nach breit. Nicht auf das Kind, das das gesagt hatte, sondern auf all die Mütter, die es so weit haben kommen lassen. Die diesen Druck aufgebaut haben, weil sie sich selbst und ihrem Umfeld unnötig irgendetwas beweisen müssen. Ich war so sauer. Schluss mit Muss, es langt! Denen erzähl ich jetzt mal was ...

An alle Vorstadtmuttis!
Stoppt sofort den Kindergeburtstagsterror! Haben wir denn nicht schon genug um die Ohren? Der Aufwand, der hier betrieben wird, ist völlig übertrieben und unnötig.

Reicht es denn nicht, wenn wir zusammenkommen, naschen, quatschen und mal für ein paar Stunden nett zueinander sind? Ihr seid doch auch alle mal jung und verpeilt gewesen. Erinnert ihr euch noch an die lustigen WG-Partys von früher? Was brauchte man da schon? Ein paar Leute, Mucke und einen Kasten Bier. Nein, gebt euren Kindern kein Bier, aber trinkt es selbst und lasst uns leicht angeschickert gemeinsam die Ansprüche wieder runterschrauben. Auch unseren Kurzen zuliebe. Die finden uns auch ohne den ganzen Aufwand klasse.

Vielen Dank für die Aufmerksamkeit. Wer jetzt noch unbedingt will, kann ja Kalkflecken putzen gehen.

SPIEGLEIN, SPIEGLEIN AN DER WAND ...

✖✖✖

Jede ist die Schönste im ganzen Land!

Amigos! Ich kann mich noch an Zeiten erinnern, in denen es relativ wurscht war, wie jemand aussah. In meiner Kindheit – ist jetzt gar nicht sooo lange her – war alles in Ordnung, wenn dir kein Augapfel ausm Gesicht hing. „Basst scho", wie man in Österreich so schön sagen würde. Damals gab's fesche[1] und schiache[2] Menschen und es war egal, ob so oder so. Wenn da jemand einen großen Po, eine Adlernase, mehr oder weniger auf den Rippen hatte, es war so egal. Die Nachkriegsgeneration, zu der meine Mutter zählt, setzte damals noch die Maßstäbe. Die hatten andere Sorgen als Body-Mass-Index, Oberschenkellücken oder Brustumfang.

In meiner sozialdemokratisch geprägten Familie war Bruno Kreisky ein Superstar, die Ladys hingen ihm an den Lippen. „Kreisggiii" war tatsächlich auch eins meiner allerersten Wörter. Er wollte die Menschen in ein friedlicheres, sozial gerechteres Land führen und einige waren bereit, dafür mit anzupacken. Klingt, als wäre ich

{1} schöne
{2} nicht so schöne

auf einem Keks hängen geblieben, aber so habe ich die Welt als Kind wahrgenommen. Anständige und fleißige Menschen bekamen in meinem Kaff mehr Achtung als die Schönen. Das is jetzt nimma so ...

Rückblickend war ich wohl ein leicht übergewichtiges Kind, war mir dessen aber nicht einmal bewusst. Auf den wenigen Fotos, die es aus meiner Kindheit gibt, sieht man, dass ich nie hungern musste. Meine jugoslawisch-deutsche Oma war auch immer dahinter, dass wir alle „gut aussehen", das hieß, dass wir ein kleines Wohlstandbäuchlein vor uns herschoben.

Kinder konnten damals zwar auch schon grausam sein, trotzdem hat man mich wegen meines BMIs in Ruhe gelassen, weil es tatsächlich jedem egal war, wie schwer das Mairhofer-Blag war. Wäre ich heute ein Knirps, wäre das anders. Ich bin saufroh, dass ich noch an anderen Wertmaßstäben gemessen wurde.

Mein Gewicht ging irgendwann von allein zurück. Auch das fiel niemandem auf. Die Beweisfotos aus meiner Jugend zeigen nämlich einen erschlankten, in die Länge gezogenen Teenager mit Vokuhila und stonewashed Bundfaltenjeans. Meine uneitle Erziehung trug dazu bei, dass ich mich bis zum heutigen Tag relativ wohl in meiner Haut fühle. Ich habe trotz der vielen Ansprüche, die in meinem Beruf immer wieder an mich gestellt wurden, nie an mir rumdoktern und es mir immer schmecken lassen.

☞ *Das soll aber nicht heißen, dass mich manche gemeinen Aussagen und Ablehnungen aufgrund meines Äußeren nicht verletzt haben. Ich stehe trotz des guten Werte-Sets nicht so wirklich drüber. Während meiner Zeit bei einer Soap habe ich mir oft sagen lassen müssen, dass ich nicht schön genug sei.*

Macht eine Faust und streckt dann den Finger in der Mitte aus. Wiederholt diese Übung immer dann, wenn euch jemand das Gefühl gibt, nicht gut genug zu sein.

Das kam von allen Seiten. Von der Schauspieltrainerin, es stand in den Drehbüchern und manche Kollegen ließen mich das auch spüren. Man hatte vorwiegend ein Problem mit meiner Nase. Obwohl sie einwandfrei funktionierte und mich nie im Stich ließ, musste ich mir immer wieder sagen lassen, dass sie nicht gefiel. Irgendwann ging das sogar so weit, dass mein Charakter in der Serie todunglücklich damit war und dringend an sich rumschnippeln lassen wollte, weil sein Riechorgan nicht der Barbie-Norm entsprach. Pädagogisch ganz toll durchdacht und sauspannend? Eher nicht.

Das Schwierige an einer Soap ist, dass man, wenn man einmal unterschrieben hat, alle Geschichten mitspielen muss, die den Drehbuchautoren so einfallen. Man hat damit ein Stück weit seine Seele verkauft und wenig Mitbestimmungsrecht. Bei jeder anderen Rolle kann ich mich entscheiden, ob ich das will oder eben nicht. Da gab's schon prächtige Angebote mit vielen Busenblitzern, die ich dann doch den Profis vom Playboy überlassen habe. Busen musste man damals in der Soap noch nicht zeigen und das war auch gut so, weil ich meine Krapfen stets bedeckt halte.

Da in Soaps nur Stereotypen bedient werden, kann es auch sein, dass Schauspielerinnen mit etwas mehr Hüftgold jahrelang auf das ständig mampfende Moppelchen reduziert werden. Total gut? Eher nicht. Einige würden da aufschreien und sagen: „Wieso hast du das mit dir machen lassen?!" Wenn man einen so langen Weg hinter sich hat, um dorthin zu kommen, will man nichts riskieren. Wenn ich „man" sage, meine ich mich. Ich hatte Angst, dass ich wieder alles verlieren würde. Wenn ich gewusst hätte, dass ich als eine der wenigen Mitwirkenden Jahre später noch beim Fernsehen sein würde und noch so viele schöne Sachen auf mich zukommen würden, dann hätte ich denen mal schön den Stinkefinger entgegengestreckt. Dazu fehlten mir in meinem damaligen Alter aber noch die Weitsicht und der Mut. Die hab ich aber jetzt.

Diejenigen unter euch, die wegen ihres Äußeren auch schon mal gekränkt wurden, empfehle ich folgende Übung: Macht mal eine Faust und streckt dann den Finger in der Mitte aus. Wiederholt diese Übung immer dann, wenn euch jemand das Gefühl gibt, nicht gut genug zu sein.

DIE SACHE MIT DEM BAUCHGEFÜHL

✖✖✖

*„Denken Krabben,
dass wir seitwärts laufen?"
– Bill Murray*

Ich lebe in einer gleichberechtigten Beziehung. Gut, gell?! Und bin, wie anzunehmen, sehr froh darüber. Mit den Männern zuvor hätte ich das nur unter erschwerten Bedingungen oder gar nicht durchsetzen können. Einer der letzten amourösen Fehlgriffe, bevor ich meinen Mann kennengelernt habe, meinte irgendwann mal: „Familie kannste haben, du musst das mit den Kindern halt allein regeln. Ich geh arbeiten." Das ist noch keine zehn Jahre her. Solche Typen gibt's immer noch. Unter Umständen rennt der eine sogar noch frei rum, ich kann für nichts garantieren, hab den seit neun Jahren nicht mehr gestalkt. Interessanterweise habe ich zum damaligen Zeitpunkt um einiges mehr verdient als der Fehlgriff, daher krass doofer Ansatz seinerseits, nicht nur mathematisch, sondern auch auf auch verschiedenen anderen Ebenen. Solche Erfahrungen haben mich gelehrt, meine Ansprüche umgehend höherzuschrauben. Fortuna hat mich dann zum grundsoliden Bayern geführt. Dass er so ganz anders war, war auch einer der Gründe, warum ich seinen Heiratsantrag sofort mit einem „Ja, verdammt!" beantwortet habe.

Mein Mann ist ein guter Typ, hier muss aber niemand neidisch werden, mittlerweile habe ich mitbekommen, dass es von denen mehrere gibt. Nur machen die nicht so viel Krach wie die nicht so guten Typen und fallen daher im Club nicht so auf. Aber es gibt sie, manchmal sogar bei Tinder. Eine liebe Freundin hat da, gleich nachdem die App rauskam, auch so einen grundsoliden Typen er„wischt". Mein Mann und ich haben uns beim Weggehen kennengelernt, wo man angeblich niiieeee jemanden findet, sagt man. Das letzte Tête-à-Tête mit dem Kannst-alles-selbst-machen-Fehlgriff lag schon eine Weile zurück. Nach ihm war ich völlig desillusioniert. Habe mich auf ein Leben mit meinem inneren Faultier und mir eingestellt. An diesem Abend im Club hatte ich nicht vor, jemandem zu gefallen. Das erklärt auch, warum ich im Münchner Szeneclub mit meinem Star-Wars-XL-Schlaf-T-Shirt stand, verschlissene Chucks aus dem Jahre 1997 trug, die fettigen Haare zum Pferdeschwanz gebunden und meine dicke Brille auf der Nase hatte. Für den Look kann ich nichts, das Faultier war an diesem Abend fürs Styling zuständig. Der Türsteher musste beide Augen feste zudrücken, um mir Einlass zu gewähren. Ich wollte tanzen, trinken und mit meinen beiden Freundinnen Leute anstarren. Dann saß auf einmal dieser nette Typ auf der Bank neben mir. Er sprach Bayerisch, machte einen grundsoliden Eindruck und war einfach gut. Nach einer Minute reden wusste ich schon, dass ich den mögen werde. So klischeehaft das auch klingen mag, aber ein paar Stunden später hatte ich dann sogar das Gefühl, dass wir zusammengehören. Als ich mit meinen Mädels abzog, sagte ich: „Das ist er!" Er sagte zu seinen Jungs so etwas in der Art wie „Burschen obacht!

Des wird mei Spatzl wern!" Klar, krass naive Aussagen von uns beiden, aber nach drei Gin Tonics auch schon wieder okay. Er hätte natürlich der nächste Kannst-alles-selbst-machen-Fehlgriff und ich seine nächste Mir-schlafen-gleich-die-Füße-ein-Langweilerin werden können, denn ein paar Stunden gut reden kann jeder. Aber irgendwas an ihm war anders. Weniger Gegockel und im Bauch hat sich das alles richtig angefühlt. Die Liebe-auf-den-ersten-Blick-Geschichte ist außerdem ein sehr guter Einstieg für eine hoffentlich lange, glückliche Ehe. Und nun so, acht Jahre später? Ich habe mich nicht getäuscht. Auch wenn wir uns immer mal wieder ordentlich aufn Keks gehen, mein Bauch hatte recht und der Typ bleibt ein richtig guter.

Mein Mann ist obendrein noch Feminist, ihm fallen Ungerechtigkeiten auf, die andere für gottgegeben hinnehmen. Manchmal übernimmt er mehr in der Betreuung unserer Tochter und im Haushalt als ich. Manchmal aber auch ich. Ob es sich die Waage hält, kann ich nicht sagen, wir führen nicht Buch darüber, aber es läuft. Dieses Buch hier hätte es ohne ihn nicht gegeben, da er dafür öfter den Nachwuchs hüten musste. Er ist grundsätzlich etwas fleißiger und aufgeräumter als ich, außerdem hat er einen eingebauten Schmutzdetektor, das heißt, er sieht Dreck an Orten, an denen ich beim besten Willen nichts erkennen kann. Außerdem hat er als Lehrer insgesamt mehr Freizeit als ich. Ich hingegen bringe einen Batzen Kohle nach Hause, kann auch mal den Staubsauger reparieren und richtig fad wird ihm mit mir auch nicht. Mit dieser Aufgabenteilung kommen wir äußerst gut miteinander klar, aber die Leute um uns reden trotzdem manchmal ungefragt mit. Über die Jahre kann ich schon ein buntes Potpourri an saudummen Kommentaren vorweisen. Für manch einen Mann ist dieses Modell befremdlich und manch eine Frau hätte es auch gerne so. Beides führt unter Umständen zu blödem Gelaber.

Aber macht euch keine Sorgen um mich, ich kann Karate mit dem Mund. Außerdem habe ich ja noch mein inneres Faultier und dem sind solche Sachen am Ende des Tages egal.

Das mit der Arbeitsteilung macht einiges leichter, ist aber leider in den wenigsten Familien so. 164 Minuten pro Tag investiert eine Frau in Deutschland in den Haushalt. Männer hingegen nur 90.[1] In „New Girl"-Einheiten reden wir hier von mindestens drei Folgen! Täglich! SKANDAL!

Bevor der grundsolide Bayer und meine süße Tochter mein Leben revolutioniert hatten, hat sich sehr viel um mich und meine Bedürfnisse gedreht. In stundenlangen Kaffeehausgesprächen mit meinen Mädels haben wir unser Innerstes nach außen gekehrt, sämtliche Situationen wurden von allen Seiten beleuchtet und der Nebentisch hörte nur noch „Ich, ich, ich, ich, ich" und „Meine Gefühle, meine Gefühle, meine Gefühle". Wirklich weitergebracht hat uns das nicht. Als meine Tochter geboren wurde, gab's dieses Ich erst mal nicht mehr, weil es damit beschäftigt war, sie zu versorgen, und das tat mir ganz gut. Zwar kam das Ich wieder, aber anders. Die Gesprächskultur mit meinen Freundinnen wurde auch eine andere. Wenn's wieder zu selbstbezogen wurde, schaltete sich mein Gehirn erst in den Stand-by-Modus und wechselte das Thema: Fußball oder Roboter oder so.

Als werdende Mutter war ich anfänglich etwas überfordert mit der Verantwortung, die auf einmal auf mich zukam. Ich wollte aber gleichzeitig alles richtigmachen. No Pressure! Gott sei Dank stand mir ein tatkräftiger Bayer zur Seite, der versucht hat, mich zu beruhigen, obwohl er in Wirklichkeit genauso Panik schob, aber einen auf coolen Hund gemacht hat. Die jetzige Generation an jungen Müttern will alles richtigmachen. Ängste und Schuldgefühle waren noch nie so groß wie bei ihnen. Während sich unsere Eltern noch

{1} http://www.zeit.de/karriere/2014-03/hausarbeit-frauen-international-vergleich

ein bisschen auf dieses Ding namens Intuition verlassen haben, verlassen sich die Eltern von heute lieber auf den neuesten Erziehungsratgeber mit den besten Bewertungen auf Amazon. Vor der Geburt meiner Tochter habe ich sämtlich Elternratgeber gelesen, die's zu kaufen gab. Wirklich schlauer gemacht haben sie mich nicht. In manchem dieser Werke stand total wirres Zeug drinnen. In einem wurden beispielsweise Ultraschalluntersuchungen mit Vergewaltigungen verglichen (Hä?!). Außerdem empfahl die Autorin, dass man Babys zum Schlafen auf den Bauch legen und ein Tierfell ins Bett legen soll. Obwohl Forscher Bauchliegen und Felle im Bett unter anderem als Risikofaktoren für den plötzlichen Kindstod ausgemacht haben, argumentiert die Autorin bei dieser Faktenlage noch weiter: „Ein Kind, das nicht leben will, wird sich nicht aufhalten lassen – ob mit oder ohne Lammfell".[2] Hm ... Das Buch der Autorin, ein Bestseller, wurde mir von meiner Hippie-Eso-Hebamme empfohlen und wird vor allem von Müttern mit einem akademischen Hintergrund gerne gelesen und ich fragte mich: Warum? Das Faszinierende an diesem Buch war, dass es fliegen konnte, aus dem Fenster und mit ihm die 22,50 Euro, die ich dafür hingelegt habe. Die Hebamme war ich auch bald los, da mir aufgrund der Größe meiner Tochter ein Kaiserschnitt nahegelegt wurde, aber die Hebamme dafür absolut keine Notwendigkeit sah. Was machste da? Der suspekten Patschuli-Frau glauben, die die Geburtsschmerzen mit ätherischen Ölen wegmachen will oder dem Arzt, der es auch ganz gut mit dir und deinem Baby meint? Es fand sich dann schnell eine neue polnische Hebamme, die mir mit ihrer direkten Holzhackerart etwas mehr Stabilität vermitteln konnte und der der Kaiserschnitt „Jacke wie Hose" war. Meiner Tochter und mir ging's danach gut und das war das Einzige, was ich wollte. Laut sagen darf man das mit dem Kaiserschnitt aber auf gar keinen Fall. Auch wenn's mein Kaiserschnitt war, so fühlten sich

---

{2} http://www.focus.de/gesundheit/news/geburtshilfe-ideologinnen-im-kreisssaal_aid_215101.html

*Alle
Hippie-Eso-Hebammen
dieser Welt können mich
jetzt gerne mit
Globulis bewerfen ...*

einige dazu berufen, ihren Senf dazu abzugeben und diese Entscheidung infrage zu stellen. Dafür können mich aber gerne alle Hippie-Eso-Hebammen dieser Welt mit Globuli bewerfen, ich würde das trotzdem wieder so machen. Wenn andere das anders wollen: prima! Ich bin froh, dass ich nicht jeden Rat-Schlag angenommen habe.

Trotzdem habe ich weiterhin versucht, alles richtig zu machen. Das erste Jahr hat meine Tochter nur Bio gegessen, Mozart gehört (kein Scheiß), ich habe sie ewig gestillt (okay, nur fünf Monate), sie war nie länger als drei Minuten der direkten Sonne ausgesetzt und ich war in jedem Babykurs, den München zu bieten hatte. Von indischer Babymassage, über Mama-Baby-Yoga bis hin zu PEKiP – soll heißen, Tanja und Zwerg kannte jeder, die zwei waren überall. Über die Jahre ist die Panik darüber gewichen, dass ich irgendetwas falsch machen könnte. Breitgemacht hat sich die Einsicht, dass ich sowieso irgendetwas falsch machen werde. Jetzt gibt's auch mal Nutellabrot für zwischendurch, das Kind darf fernsehen, hört am liebsten Sportfreunde Stiller und Mutti kommt gut klar damit. In meiner Kindheit war eine Nutellasemmel mit Butter der Himmel auf Erden. So ist es auch für meine Tochter heute und das möchte ich ihr nicht nehmen.

Ich weiß nicht, wie oft ich als frischgewordene Mutter ungefragte Ratschläge mitbekommen habe. Meist von Nachkriegsmüttern. Ich spreche hier von der Generation, die im Auto neben dem Nachwuchs geraucht, die Kinder nie angeschnallt und sie zu Hause in praktische Laufställe gepackt hat und bei der Sonnencreme nie aufm Einkaufszettel stand. Solche Rat-Schläge kamen immer beiläufig im Vorbeigehen, zum Beispiel in der Tram-Bahn: „Ja friert denn die Kleine nicht? Müssen's schon besser einpacken." Ich so: „Nein, die steckt in einem bombensicheren Polarforscher-Schlafsack und sie ist gut drauf." Beim Rückweg saß schon die nächste Rat-Schlägerin neben mir: „Ja, ist es dem Kind da drinnen nicht zu heiß? Wollen's nicht den Schlafsack aufmachen?" Und ich so grinsend die Schultern gezuckt und gedacht: „Rindviech, ließ deine Apotheken-Umschau." In den vielen Kursen, die ich besucht habe, haben mir Mamis immer wieder davon berichtet, dass es ihnen genauso erging. Von der Nachbarin über die alte Oma in der Tram hin zur Verwandtschaft, überall diese ungefragten Ratschläge. Interessanterweise hat sich meine Mutter mit Ratschlägen zurückgehalten, da kam eher so etwas wie „Du machst das schon". Sie erzählte mir, dass bei ihr damals nicht so viele mitgeredet haben. Lag vielleicht auch daran, dass die Mütter nicht so unsicher waren und man sich deshalb vielleicht nicht so traute. Sie meinte: „Wir haben uns mehr auf unser Bauchgefühl verlassen."

Es gab aber auch die anderen Omis, die mir begegnet sind, die sich einfach nur gefreut haben, so einen kleinen Menschen zu sehen, und meine Tochter mit Aufmerksamkeit überhäuft haben. Die waren weit in der Überzahl! Wir haben damals in München-Giesing gewohnt aka Münchens Little Istanbul und gerade da ist man besonders kinderfreundlich. In der Tram konnte ich mich meist drauf verlassen, dass irgendein junger Mann aufspringen und mir den Platz anbieten wird. Je näher ich in Richtung Zentrum fuhr, umso unwahrscheinlicher war so ein Sprung. Meine Tochter war in Little Istanbul der Star, das ging sogar so weit, dass sie von älteren Damen aus der Nachbarschaft geknuddelt und abgebusselt (!) wurde. Dabei muss erwähnt werden, dass meine Tochter ein sehr süßer Tiger ist. Frau Yilmaz, unsere damalige, ältere Nachbarin, hat ihr immer wieder kleine Kuscheltierchen vor die Tür gestellt und keine Gelegenheit ausgelassen, ihr die Wangen zu streicheln. Daher zur Info an alle werdenden Mamis: Macht euch auch auf krass viel Liebe gefasst.

Das mit den Ratschlägen wurden irgendwann mal weniger, man selbst wird irgendwann cooler. Jetzt sind's ab und zu die Mütter untereinander, die meinen, sich gegenseitig belehren zu müssen. Interessanterweise haben gerade die Rat-Schläger-Eltern nicht immer die Kinder, bei denen man sich denkt „Mutti hat bei dir wirklich alles richtig gemacht!".

☞ *Meiner Erfahrung nach sind die überaufgeschlossenen Hippie-Eltern die allerschlimmsten. Gerade die, die ihren alternativen Lebensstil stark nach außen kehren müssen, haben meist eins zu verbergen, dass sie nämlich im Grunde die ärgsten Spießer sind und den anderen nicht so sein lassen können, wie er ist. Ein Bandana aufm Kopf, gelbe Zähne und Crocs an den Füßen haben noch nie jemanden zu einer coolen Sau gemacht. Da müssen schon andere Beweise her, aber die habe ich nie gekriegt.*

An jedem Erziehungsstil könnte man rummeckern, weil's zu allem ein Gegenmodell gibt. Erziehst du dein Kind komplett antiautoritär, kann's sein, dass ein sozial inkompetenter Egoist bei rauskommt; zu viel Autorität tut erst recht nicht gut und macht die Kinder eventuell zu unselbstständigen Jasagern. Lobst du dein Kind gar nicht, wird es vielleicht ein Leben lang um Anerkennung kämpfen, lobst du es zu viel, wird's unter Umständen meinen, es sei besser als der Rest. Man kann also alles falsch machen und wird wahrscheinlich auch einiges falsch machen. Das Wissen um die eigenen Fehler kommt bei einigen erst später im Leben, wenn der Stress nachgelassen hat. Das sieht man oft an Großeltern, die sich bei den Enkelkindern ganz anders verhalten als einst bei ihren eigenen Kindern, vielleicht aus der späten Einsicht heraus, dass es eben auch anders geht. Was am Ende bei der jeweiligen Erziehungsmethode rauskommt, wissen wir erst in ca. 30 Jahren, vorher sollte man sich einfach gegenseitig in Ruhe lassen. Da es verschiedene Menschen geben soll, sollte man auch verschiedene Erziehungsstile tolerieren, solange keiner dabei zu Schaden kommt. Mittlerweile konnte ich mich ganz gut von Rat-Schläger-Eltern distanzieren und mir dafür andere suchen, die einen nicht belehren und sich um ihren eigenen Kram kümmern – die gibt's auch. Daher habe ich jetzt eine Hand voll wirklich cooler Muttis um mich rum, sogar manch eine aus der Reihenhaussiedlung. Mit denen kann ich mal lachen, abends ein Bierchen trinken und über Fußball oder Roboter reden.

Übrigens, früher sind viele Eltern auf die schwedische Erziehungsratgeber-Autorin Anna Wahlgren reingefallen, sie hat 27 Bücher geschrieben, darunter einige internationale Bestseller rund ums Thema Kindererziehung. Unlängst schob ihre Tochter Felicia Feldt ein Buch nach, das leider nicht so hohe Auflagen fand; darin beschreibt sie ihre Mutter als rücksichtslose Alkoholikerin, die so ziemlich alles falsch gemacht hat, was man falsch machen kann.[3] Eine schlimme Geschichte und ein langer Leidensweg. Gott sei Dank sind die wenigsten Ratgeber-Autoren so drauf, trotzdem stellt sich mir die Frage: Wem darf man eigentlich trauen? Wie Mama Mairhofer so schön sagt: am besten seinem eigenen Bauchgefühl.

---

[3] http://www.sueddeutsche.de/leben/tochter-von-erziehungs-autorin-raecht-sich-abrechnung-mit-der-supermama-1.1255735

HÖHER, SCHNELLER, WEITER AM ARSCH

××*×*

*Ich habe keine Formel für Erfolg,
aber eine fürs Scheitern:
Es allen recht machen zu wollen.*

Erfolg ist so was von relativ. Für den einen ist es ein großer Erfolg, wenn er sich aus der Stratosphäre plumpsen lässt, für mich ist das meschugge. Hingegen beeindruckt mich die Leistung einer Kindergartenerzieherin mehr, die nach 20 Jahren Morgenkreis noch immer mit einem Lächeln auf den Lippen sagen kann, dass sie den schönsten Beruf der Welt hat. Spitzenleistung. Go Warrior!

Es gibt für Erfolg keinen allgemeingültigen Maßstab. Oder stellt euch mal folgende Unterhaltung vor:

A: „Nach dem letzten Projekt hatte ich 15 Kilo Erfolg mehr um die Hüfte rum."

B: „Krass, Andi, ich war nach dem Pitch beim Kunden gleich mal 130 Meter Erfolg länger als du."

Hört sich durchgeknallt an, aber eigentlich machen viele nichts anderes. Mit hochtrabenden Berufsbezeichnungen fahren sie ihre

SUVs, gehen im feinen Zwirn teuer Essen, machen schicke Reisen, schreien „kaufen" und „verkaufen" in ihr leistungsstarkes iPhone, tragen viel zu schwere Uhren an den Pfoten und dabei wollen sie nur eins vermitteln: läuft bei mir!

Erfolg geht auch ganz gut ohne Erfolg. Wie jetzt?!
Man kann ganz einfach so tun als ob.

In München sieht man das überall. Die Jungs, die im P1 für den Tisch mit den hübschen Damen eine Flasche Wodka mit zehn Gläsern bestellen oder die Maximilianstraße mit ihren fetten Karren rauf und runter gurken, sind meist hochverschuldet und haben am nächsten Tag im Elektro-Discount Kassenschicht.

Wer in dieser Society (Gesellschaft klingt irgendwie krass 80er) offensichtlich erfolglos ist, muss sich schämen. Keiner gesteht sich gerne ein, irgendetwas nicht zu können oder versagt zu haben. Der Selbstwert wäre gefährdet. Man kann eher ein Riesenarschloch sein, aber ein Loser – geht gar nicht!

Dabei ist Erfolg so individuell. Was für den einen Erfolg ist, ist für den anderen Misserfolg. Erfolg ist begrenzt und vergänglich. Trotzdem hat man das Gefühl, nach oben hin geht immer was. Und weil man immer weiterkommen will, rennt man wie ein Hamster im Laufrad und kriegt gar nicht mit, dass heute Netflix-Abend wäre.

Obwohl ich den Erfolg grad blöd dastehen lasse, mag ich ihn auch, denn wenn's läuft, kann ich mir und meiner Familie ordentlich was gönnen, schön die Füße hochlegen, Existenzängste Tschö, bei Muddi rollt der Rubel. Außerdem ist es eine Bestätigung dafür, dass ich beruflich keine Bratwurst bin. Ich sag's, wie's ist: Ich bin nicht Rainer Langhans, der mit einer Hand voll Sachen und fünf Frauen gut klarkommen würde. Erfolg ist für mich aus vielen Gründen durchaus erstrebenswert.

Die Krux mit diesem Erfolg ist nur, dass Leute sich darüber definieren und messen. Wenn das in Form von vermeintlicher Überlegenheit nach außen getragen wird, wird's schnell mal albern bis armselig. Oder wenn man sich mit den falschen Leuten vergleicht, sich zu hohe Erfolgsziele setzt, kann das ganz schön frustrieren, obwohl man sich vielleicht eher auf die Schulter klopfen sollte. Zufriedenheit ist viel lässiger als Erfolg, aber auch viel schwerer zu erreichen.

Mein Leben hat ziemlich erfolgreich begonnen. In Südafrika hatte meine Familie ein schönes Haus, wir waren gut situiert, hatten sogar Angestellte. Ich bin dazugestoßen, weil man sich erhoffte, dass ein weiteres Kind die seit Jahren zerschossene Ehe vielleicht noch retten könnte. Eine Scheidung später fanden wir uns am Boden wieder. Es ging zurück in die Heimat meiner Mutter. Sie wurde Schichtarbeiterin in einer Elektrofabrik. Mein Vater war draußen in der Welt mit einer neuen Frau und neuem Kind, meine große Schwester irgendwo bei ihm. Mutti ging arbeiten, ich war viel allein. Wir lebten im schlimmsten Sozialbau weit und breit. Ich habe dort Sachen gesehen, die ein Kind nicht sehen sollte. Später wurde ich auf eine Hauptschule geschickt, weil das die einzige Schule mit einer Rundumbetreuung war. Mit 15 war ich bereits voll berufstätig und mein Leben in unschöne Bahnen geraten.

Da konnte ich mich aber rausstrampeln. Über die Abendschule habe ich Jahre später mein Abitur nachgeholt. Während andere sich auf Interrail Osteuropa schön gesoffen haben oder bei Rock im Park zu den Guano Apes abgegangen sind, habe ich den Kopf in die Bücher gesteckt. Nach der Arbeit ging ich von 18:00 bis 22:00 Uhr zur Schule. Am Wochenende und in den Ferien war statt Loveparade lernen angesagt. Aber no Worries, ich fand's klasse! Mir ging's ehrlich gesagt vorher und nachher nie besser. Weil ich so neugierig war, machte mir das Lernen tatsächlich Spaß, und es war mein Ticket in eine bessere Welt. Schritt für Schritt ging's raus aus dem alten Leben. Ich musste nicht zur Schule, sondern durfte. Und fürs Dürfen war ich unendlich dankbar.

Jahre später habe ich mein Geld mit schönen Kindersendungen verdient, die Welt bereist, ein Masterstudium in Politikwissenschaften absolviert, eine journalistische Ausbildung gemacht, privat mein Glück gefunden und mir ein Eigenheim am Stadtrand von München zugelegt. Ich will an dieser Stelle weder angeben noch bemitleidet werden. Mitleid macht nur klein, brauch ich nicht. Diese Geschichte soll nur zeigen, dass ein nach außen hin bescheidener Erfolg, wie ein kleines bisschen Fernsehen und ein spießiges Reihenhaus am städtischen Speckgürtel für manche ein Sechser im Lotto sein kann. Mein zufriedener Plumpser aus der Stratosphäre. Wenn ihr wollt, könnt ihr jetzt gerne applaudieren oder auch nicht.

Meine Herkunft hat mich außerdem gelehrt, dass ich immer auf eigenen Beinen stehen möchte. Always. Toujours. Sempre, sempre. Auch heute machen sich noch viele Frauen von ihren Männern abhängig und denken dabei wenig an ihre eigene Zukunft. Das kann klappen, aber drauf verlassen darf man sich nicht. Das ging in der Generation unserer Eltern schon nicht immer gut aus und in Zeiten von Tinder und Parship noch weniger. Bei aller Liebe, aber nichts kann streckenweise komplizierter sein, als eine Ehe aufrechtzuerhalten, und man weiß nie, wer und was da sonst noch auf einen zukommt. Kleiner Exkurs. Bleiben wir beim Thema Erfolg bzw. beim Scheitern. Is ja nah beieinander.

Ende der Nullerjahre habe ich eine Zeit lang in Paris gelebt. In dieser Zeit habe ich mich gerne auf dem Friedhof Père Lachaise rumgetrieben. Sauinteressant nämlich. Beim Eingang gibt es uralte Gräber von einst reichen Pariser Persönlichkeiten mit so kleinen Häuschen drauf. Ich konnte nicht ergoogeln, wie man diese Grabformen wirklich nennt, deshalb sag ich einfach mal Zwerg-Mausoleen dazu. Waren bestimmt sauteuer. Egal, eins davon, das nah am Eingang stand, haben Touristen mit einem Mülleimer verwechselt und ihre Cola-Dosen reingeworfen. Das zeigt doch, wie unnötig der ganze Stress um dieses „Höher, schneller, weiter" sein kann. Der Pariser, der darunter liegt, hat sich vielleicht ein ganzes Leben buckelig gearbeitet, seine Erbmasse für ein Zwerg-Mausoleum verpulvert und der Tourist verwechselt das am Ende des Tages mit einem Mülleimer. Wie Jean-Paul Sartre in diesem Zusammenhang sagen würde: Megascheiße!

Jetzt magst du vielleicht sagen: „Aber soll ich mir jetzt in diesem Leben gar keine Mühe mehr geben. Den ganzen Tag in Unterhose Frauentausch gucken?" Ich bin so froh, dass du das ansprichst. Ich bin die Letzte, die dir zu so etwas raten würde, obwohl das sehr verlockend klingt und eine Zeit lang auch sein darf. Aber aktiv zu bleiben, sich unters Volk zu mischen und etwas anzuschieben, ist nicht verkehrt.

Ich komme jetzt nicht mit dem ollen Spruch ums Eck: „Wir kaufen Dinge, die wir nicht brauchen, von Geld, das wir nicht haben, um Menschen zu beeindrucken, die wir nicht mögen." Echt nicht, der Spruch hat nämlich sooo einen Bart und steht schon seit den 80ern auf zig Klokalendern drauf. Nur sollte man sich bei all seinen Anstrengungen immer fragen: Geht's mir gut dabei? Will ich das überhaupt? Für wen mach ich das eigentlich?

AUSSTIEG AUS DEM BEKANNTEN-FREIWILLIGENDIENST

✖✖✖

„Ich vergesse oft, dass andere Menschen ihre Grenzen haben. Das ist traurig."
– Sheldon Lee Cooper
in „The Big Bang Theory"

Je älter ich werde, umso mehr Leute wollen etwas von mir. Das meine ich jetzt nicht im sexuellen Sinn. Diese Art von Avancen (herrlich schrulliges Wort, gell?!) haben in den letzten Jahren stark nachgelassen. Mag vielleicht auch daran liegen, dass oft Essensreste an mir kleben, ich meist einen Kinderwagen vor mir herschiebe oder ich manchmal einen adretten Mittdreißiger (Synonym für meinen grundsoliden Bayern) im Schlepptau habe. Vielleicht liegt es aber auch daran, dass sich nach einer fast 40-Jährigen mit Augenringen wie ein Pandabär keiner mehr so sehr den Hals verrenkt. Wie auch immer ... alles okay.

Die Menschen wollen also weniger meinen Körper, sondern mehr meine Aufmerksamkeit, meine Unterstützung. Nicht nur Yogaschüler, alle möglichen Menschen aus meinem Umfeld treten häufig an mich heran, weil sie denken, ich könnte ihnen irgendwie aushelfen. Da wäre zum Beispiel die übermotivierte Eislaufmutter, der ich helfen soll, die Schauspielkarriere ihres Fünfjährigen anzukurbeln. Excuse-moi, meint die mich?! Ich krieg ja selbst nix gebacken, wie soll ich das denn dann bei einem Fünfjährigen bewerkstelligen? Wie komme ich überhaupt dazu? Ich frag auch nicht Reiner Calmund nach dem Weg zum Fitnessstudio. Ein anderes Beispiel: der blockierte Künstler, dem ich stundenlang beim Jammern zuhören muss. Nachdem ich davon irgendwann selbst wimmernd in der Ecke lag, soll ich ihm dann noch auf die Beine helfen. Oder die alte Schulfreundin, die weiß, dass ich technisch auf Zack bin und deren Homepage ich deswegen updaten darf, „weil's bei mir ja sooo viel schneller geht". Ich schlage mir die Nächte um die Ohren, während sich auf meiner eigenen Homepage seit März 1998 nix getan hat. FYI, Parteigenossen: Ich weiß, ich mach mich bei ein paar Leuten jetzt richtig unbeliebt, aber NEIN, NEIN und nochmals NEIN! Schluss damit!

Die sind alle im falschen Comic, ich bin nicht Wonder Woman, sondern der faule Willi und der würde den Scheiß auch nicht mitmachen.

Meine Ressourcen sind sauknapp. Ich bin froh, wenn ich mir selbst so weit behilflich sein kann, dass ich's unbeschadet durch den Tag schaffe. Meine Energien reichen grad mal so weit, dass ich mein Kind und mich rechtzeitig mit Hosen an und etwas Frühstück im Bauch im Kindergarten bzw. in der Arbeit abliefern kann. Dann ist noch ein wenig Luft, um irgendwie durch den Tag zu robben. Nach Feierabend wurschtle ich noch ein bisschen zu Hause rum und wenn ich's dann noch schaffe, dass sich alle um 20:00 Uhr brav die Zähne geputzt haben, inklusive mir, war der Tag ein Megaerfolg, aber der Tank ist dann leer. Merkt ihr, was hier fehlt? Die Energie und Muße, die Schauspielkarriere eines Kleinkinds anzukurbeln, seelischen Mülleimer zu spielen oder bis spät in die Nacht an irgendjemands Homepage zu tüfteln.

Ich bin nicht so ausdauernd wie ein Mach-dich-krass-Aminati oder ein I-make-you-sexy-Dee. Auch wenn ich mich schon durch viel durchkämpfen musste, heißt das noch lange nicht, dass ich dadurch so stark geworden bin, dass ich anderen den Kampf abnehmen kann oder mir deren Last gerne aufschultere. Ganz im Gegenteil, ich habe mir auch mal eine Pause verdient und die nehme ich mir auch.

Versteht mich nicht falsch, ich bin da für die Nasen, die ich liebe, und für die, die es wirklich, wirklich nötig haben. Nur bin ich ungern die Handlangerin im Bekanntenfreiwilligendienst. Außerdem fehlt mir bei vielen Dingen die Expertise, da ich weder Psychotherapeut, Sozialarbeiter noch Karrierecoach bin und schon gar nicht Mutter Teresa. Erschwerend kommt hinzu, dass sich manche Menschen auch gar nicht helfen lassen wollen und sich lieber im gewohnten Selbstmitleid suhlen, weil's da so gemütlich und vertraut zugeht.

Was tun, wenn die paar Denkanstöße, die man zu einem Thema beitragen kann, nicht gehört werden und man sich dasselbe Gejammer im Loop schon seit ein paar Jahren anhören muss? Einfach mal gut gemeintes Feedback abgeben: „Ach weißt du was?! Mach deinen Scheiß doch allein!" Einigen ist damit mehr geholfen. Vor allem aber einem selbst.

Wenn ich vergleiche, wie oft mein Mann beim Bekanntenfreiwilligendienst einspringen muss, so ist das viel, viel seltener, ob-

Ich bin ungern
die Handlangerin
im Bekannten-
freiwilligendienst.

wohl dessen Freundeskreis viel, viel größer ist. Alle paar Jahre müssen bei irgendwelchen Umzügen ein paar Kisten von A nach B gebracht werden und wenn sich ein Freund bei ihm ausjammern will, werden vielleicht mal zwei bis 14 Schnäpse getrunken, das war's dann aber auch schon.

Ich habe für die nächste Aussage keine Quellen, bin mir aber zu 100 Prozent sicher, dass die so stimmt, zumindest so halbwegs, ihr könnt das gerne so weiter verzapfen: Frauen werden weltweit dreimal so oft gebeten, anderen zu helfen, als Männer. Wie komme ich darauf? Hab ich im Gefühl.

Schmarrn beiseite. Aufopferungsbereitschaft wird von Frauen tatsächlich eher erwartet als von Männern. Aus der allwissenden Müllhalde, besser bekannt als Internet, habe ich einige raffinierte Erklärungsmodelle dazu finden können. Am besten hat mir das hier gefallen: Das Schlamassel hat historische Gründe, denn Frauen waren in der Vergangenheit 24/7 fürs Gemeinwohl und für das Nest zuständig. Männer waren „uff Arbeit" und danach hieß es: Füße hoch. Muddi konnte man trotzdem immer etwas zuschanzen, weil die ja nur zu Hause war.

Die Welt hat sich aber verändert, Muddi schiebt mittlerweile genauso an. Nur hat sich das in dieser Deutlichkeit noch nicht so herumgesprochen. Deshalb gehen viele noch immer davon aus, dass Muddi das bisschen Extraarbeit locker stemmen kann und sie trotzdem immer lieb und aufopferungsbereit bleibt. Doch Muddi hat schon längst ein Recht darauf, zur Tagesschau genauso die Füße aufm Wohnzimmertisch zu platzieren, wie Vaddi das auch immer gemacht hat, und alle Anfragen für etwaige Fleißaufgaben mit einem „Ruhe! Ich schau fern" abzulehnen. Gerne auch mit einem schönen Glas Weizen in der Hand.

Wie komme wir jetzt raus aus der aufgebrummten Altruismus-Nummer?

👍 Ich habe bereits ein formloses Kündigungsschreiben für euch vorbereitet, extra zum Raustrennen:

Hiermit kündige ich, _____, mit sofortiger Wirkung meine unfreiwillige Mitgliedschaft beim Bekanntenfreiwilligendienst (BFD).

Bitte senden Sie mir keine schriftliche Bestätigung der Kündigung zu. Danken Sie mir im Nachhinein für meine Bemühungen.

_____   _____
Ort, Datum   Unterschrift

DAS FAULTIER, DER NEID UND ICH

×××

*„Man sagt, nichts ist unmöglich,
aber ich tue jeden Tag nichts."
– Pu der Bär*

Eines der schlimmsten Gefühle auf Erden ist dieser Neid. Er bringt mich meist nicht weiter und steht einfach nur blöd rum. Wenn er mich befällt, breitet er sich in mir aus wie eine Streptokokken-Infektion. Bevor ich den grundsoliden Bayern kennengelernt habe, überfiel mich der Neid noch öfter. Zum Beispiel dann, wenn mir glückliche Paare übern Weg gelaufen sind, oder der Ex, der nach Umwegen (über mich) endlich seine große Liebe gefunden hat. Genau der Heini, der vor 13 Jahren per MySpace mit mir Schluss gemacht hat, weil ihm alles zu eng wurde. Jetzt hat er eine Babytrage mit Inhalt eng umgeschnallt und an der Hand die dazugehörige Frau. Waren sie alle schön. Ich fand sie alle so blöd. Da waren sie: Eifersucht, Neid – starke Gefühle! Trotzdem so tun, als wäre man ahead of the Game. Ganz wichtig!

Gerade in der Unterhaltungsbranche, wo ich nun seit fast zwei Jahrzehnten herumkrebse, steht dieser Neid an jeder Ecke. Irgendwer grast nämlich immer etwas ab, was man auch gerne gemacht hätte. Der überhebliche, sexistische Comedian kriegt seine eigene Serie – völlig überschätzt! Die schillernde Moderationskollegin die hundertste Samstagsabendshow – klassischer Fall von hochgeschlafen!

Stimmt nur leider alles nicht, der Neid spricht wirres Zeug und ist garstig.

Denn sich einzugestehen, dass man selbst dafür verantwortlich ist, wenn's nicht läuft, ist nicht so einfach, garstig zu sein hingegen schon. Der überhebliche, sexistische Comedian ist zwar überheblich und sexistisch, aber zudem auch noch viel fleißiger als ich. Die schillernde Moderationskollegin ebenso und die berühmt-berüchtigte Besetzungscouch gibt's in der Form gar nicht mehr. Zumindest wurde mir diese Option bei meinen 200 Castings bisher noch nicht angeboten und so ein Ungeheuer bin ich nun auch wieder nicht. Klar wird im Fernsehgewerbe genauso rumgemacht wie überall sonst auch, aber in der Horizontalen kommt man nicht sonderlich weit. Ganz im Gegenteil, der Ruf ist schnell mal ruiniert, weil da wie anderswo viel gelästert wird. In Wirklichkeit müssen sich die Damen viel mehr ins Zeugs legen, damit sie vorankommen. Zu den fachlichen Anforderungen sollen sie noch schön sein und dürfen dabei nicht altern, verdienen weniger Geld und werden trotzdem nicht immer für voll genommen. Und dann sagen ihnen Neider immer noch nach, dass sie sich hochgeschlafen haben. Hochgekämpft trifft es wohl eher. Die Luft da oben ist dünn, die Jobs sind rar, die Konkurrenz ist groß und zu holen gibt's da nicht viel. Jammer, jammer, jammer. Nur so ein Beispiel: Deutschlands

Sich einzugestehen, dass man selbst dafür verantwortlich ist, wenn's nicht läuft, ist nicht so einfach, garstig zu sein hingegen schon.

größte Schauspielerdatenbank, www.schauspielervideos.de, hat derzeit mehr als 20.000 eingetragene Schauspieler-Mitglieder. Das sind noch nicht mal alle und dort findet man nicht nur Pappnasen, da sind richtig gute Leute dabei, die alle ein Stück vom Kuchen haben wollen. Von denen sieht man letzten Endes vielleicht 200 Nasen immer mal wieder im Fernsehen durchs Bild rennen. Und die wiederum haben es auch nicht immer so leicht, zwischendurch sind die am Verzweifeln, kämpfen mit Ablehnungen und müssen sich garstige Sachen anhören.

 Die Erkenntnis daraus: Neid lohnt sich nicht wirklich, weil niemand etwas geschenkt bekommt und wir alle über kurz oder lang mal auf die Nase fallen. Dann sollte man aber wieder die Kraft haben aufzustehen.

Das zeichnet die 200 Nasen wahrscheinlich am meisten aus, dass sie das können. Das Aufstehen braucht bei mir immer so seine Zeit. Manchmal Monate, zuletzt auch Jahre. Jetzt kann man vorwurfsvoll sagen: Stell dich nicht so an! Nur die Harten kommen in den Garten ... Da bin ich mittlerweile gnädig mit mir. Ich bin ein grundsolides Sensibelchen, nicht Johnny Rambo und für manche Dinge nicht gemacht. Das darf so sein und wird sich auch durch Verbiegungsversuche nicht ändern.

Als Kind der 80er war ich ein Riesenfan von Michael Schanze, Cyndi Lauper und der Münchener Freiheit. Die waren groß damals, richtig groß, Justin-Bieber- und Helene-Fischer-mäßig groß. Heute sieht man keinen mehr von denen im Fernsehen. Erfolg ist vergänglich und irgendwann erwischt die Vergänglichkeit auch die ganz Großen, sogar einen 1,92 Meter langen Gottschalk.

Obwohl mir das mit der Vergänglichkeit bewusst ist, bin ich trotzdem stinkig, wenn irgendeine Schnepfe mir irgendetwas vor der Nase wegschnappt. Ich bin nämlich nicht der Dalai Lama und krache ab und zu noch mit diesem Neid zusammen. Neid auf andere, die schneller aufstehen können, mehr Glück haben und fleißiger sind. Ein brutaler Rat-Schläger könnte jetzt sagen, dass dieser Neid auf falsche Maßstäbe zurückzuführen und kleingeistig ist. Und vielleicht schiebt der Schläger dann noch so Dinger nach wie dass ich mich selbst mehr lieben sollte. Nur ist mir

1. mit der Aussage allein null geholfen,
2. bla, bla, bla.

Als Kind kannte ich den Neid nicht, obwohl es bei Gott privilegiertere Menschen um mich herum gab. Meine Cousine bekam einen überdachten Swimmingpool zum Geburtstag und ich hab mich mitgefreut, weil das hieß: baden gehen. Im Privaten kreuzt dieser Neid mittlerweile nur noch äußerst selten auf, von mir aus können die Menschen um mich rum alle schöner sein, größere Häuser haben, tollere Reisen machen, mehr Freunde haben oder einen dickeren Karren fahren. Ein Bentley würde mich auch nicht schneller von A nach B bringen als mein Polo. Manchmal freue ich mich sogar mit, wenn's Leute besser haben. Im Beruflichen sieht das anders aus. Da ist er schnell wieder da der Neid. Keiner traut sich zuzugeben, wenn er neidisch ist. Da müsste man sich eingestehen, dass ein anderer etwas hat, was man auch gerne gehabt hätte, aber nicht kriegt. Schon die alten Griechen haben beim Thema Neid die Nase gerümpft. Für Platon und seinen Schüler Aristoteles war der Neid so ziemlich das Hinterletzte, was der Mensch an Gefühlen besaß. Ich habe das ganze Internet durchforstet nach klugen Zitaten zum Thema Neid, weil mich neben Platon und Aristoteles so ein bisschen Schiller und Goethe vielleicht klüger aussehen lassen. Aber meint ihr, ich hätte etwas Vernünftiges für meinen Zweck gefunden? Es gibt zwar Millionen Zitate, in denen schlaue Menschen darüber sinnieren, wie doof die anderen sind, die neidisch sind, aber keines darüber, dass man vielleicht selbst mal der neidische Doofe ist. Das ganze Internet! Keiner will neidisch sein und trotzdem sind es alle. Ähnlich verhält es sich mit dem In-der-Nase-Bohren.

Ich treffe den Neid nicht nur bei mir, sondern auch bei anderen. Manchmal sind Leute sogar auf mich neidisch, könnt ihr euch das vorstellen? Ich mir auch nicht so wirklich, aber es kommt vor. Dann werden die Augen des Gegenübers kleiner, das Gespräch erlebt eine unangenehme Pause, gefolgt von einem hektischen „Freut mich voll für dich", danach kommt schnurstracks der Themenwechsel: Dschungelcamp oder so.

Der amerikanische Autor Dr. Richard Smith hat sich diesen Neid genauer angeschaut und festgestellt, dass die meisten Menschen bewusst oder unbewusst innerhalb einer Gruppe sofort abklopfen, wer der Schönste, Schlauste und Stärkste ist. Das kann halt nur einer sein, dann gibt's Neid.[1] Voll einfach nachzubauen.

So blöd er sich manchmal anfühlt, ist er doch nicht nur schlecht, der Neid, denn Neid ist nicht gleich Neid. Es gibt den bösartigen Neid und den gutartigen Neid. Beim bösartigen Neid kommt meist Verachtung und dergleichen ins Spiel, beim gutartigen Neid fragt man sich: „Warum hat die Schnepfe das jetzt gekriegt? Ich will auch, verdammt!" Beides fühlt sich zwar recht deppert an, aber das eine verbittert und das andere ist lösungsorientiert. Eine Studie von der Tilburg-Universität aus den Niederlanden kam zu dem Ergebnis, dass gutartiger Neid die Studenten viel fleißiger werden ließ und sie am Ende viel bessere Noten hatten.[2]

Gibt's für Neid ein Heilmittel? Ja, Arsch hochkriegen hilft immer. Windy Dryden, ein Professor für psychotherapeutische Studiengänge an der Goldsmiths-Universität in London, sagt, dass man sich erst mal eingestehen sollte, dass man neidisch ist. Der Fuchs

{1} http://www.oprah.com/spirit/benefits-of-jealousy-envying-friends#ixzz4Yxrh-8FS0
{2} ebenda

hat leicht reden ... Im nächsten Schritt sollte man sich dann fragen, warum man neidisch ist.[3] Vielleicht ist man gar nicht auf die Rolle in der Telenovela neidisch, die die Schnepfe abgestaubt hat, sondern auf die damit einhergehende soziale Sicherheit und die paar Tausend Euro im Monat mehr aufm Konto. Wenn man das erkannt hat, kann man sich entscheiden, ob man an diesem Zustand etwas ändern kann oder nicht. Der Neid sollte sich spätestens dann verzogen haben.

 Sorry, so kurz vor Ende des Kapitels mag mein inneres Faultier auch noch etwas dazu sagen: „Nix wird geändert! Komm auf die Couch, iss deine Chips und hör endlich auf zu jammern!" Okay, okay.

{3} ebenda

SCHLECHT BERATEN VOM LIEBESRATGEBER

✖✖✖

Einige Menschen sollten für den Mund lieber Pritt-Stifte statt Labello verwenden.

Ich bin neulich in meiner angeranzten Gemeindebücherei die Regale zum Thema Partnerschaft durchgegangen und gebe zu, mir war sehr, sehr fad im Schädel. Bei Netflix war ich gerade mit allem durch, hatte daher Vakanzen für andere Unsinnigkeiten. Was mir beim Stöbern auffiel: Wenn's um die Paarungsliteratur geht, gibt es fast nur Bücher, in denen Frauen erklärt wird, was sie tun müssen, um Männern zu gefallen. Die Titel der Bücher sind etwas verfremdet, so in der Art gibt's die aber alle in echt: „So raubst du ihm den Verstand und behältst ihn!", „Den Traummann finden für Doofis", „Die patente Sexgefährtin: Wie Sie garantiert jeden Mann erobern", „Wie man einen Mann verführt: die ultimative Liste für jede Handtasche".

Ja, Herrschaftszeiten, wieso wollen sich so viele Frauen ständig optimieren, um den vermeintlichen Traummann zu finden? Eine Partnerschaft ist für mich dann traumhaft, wenn mich mein Gegenüber so annimmt, wie ich bin. Wenn ich mich im Vorfeld nur verbiege, laufe ich Gefahr, dass der andere gar nicht richtig sehen kann, wie oder wer ich bin. Zum anderen will ich keinen Mann mit irgendwelchen Verführungskünsten überreden müssen, mich zu nehmen, weil mich das von Anfang an in eine sehr devote und unvorteilhafte Position rückt.

☞ *Außerdem wundere ich mich darüber, warum Frauen sich eher überlegen, wie sie gefallen können, und Männer kein Brimborium drum machen. Wenn Mann und Frau sich haben wollen, sollen sie einfach einen Schritt aufeinander zugehen und ehrlich sagen, was sie vorhaben und wie sie sich das vorstellen.*

In der Deutlichkeit machen das nur die wenigsten. Ich habe mich das auch erst mit meinem grundsoliden Bayern zum ersten Mal getraut, weil ich damals in ein Alter gekommen war, in dem ich keinen Nerv mehr hatte für Spielchen. Auf die Frage „Du Burschi, wird des jetzt wos mit uns, oder net?!", sagte er dann so: „Jo scho!" Die Direktheit meiner Frage hat ihm gefallen und er hat mir gefallen. So etwas kann natürlich auch nach hinten losgehen, falls man etwas zu hören bekommt, was man nicht hören will, auf längere Sicht bleibt einem damit aber trotzdem viel Kummer erspart.

Ich habe bei den Herren davor das Katz-und-Maus-Spiel lange mitgemacht. Die Anregungen dazu kamen tatsächlich von dem einen oder anderen Liebesratgeber und die raten einem meist von einer direkten Ansprache ab. „Willst du gelten, mach dich selten" ist da die oberste Maxime. Ein amerikanischer Super-Bestseller mit einer Auflage von zwei Millionen verkauften Exemplaren gab mir die Richtung vor. Die Autorinnen gehen darin davon aus, dass Männer jagen wollen, und liefern eine Anleitung, wie eine Frau sich nach allen Regeln der Kunst rarmachen kann, um einen Mann möglichst lang auf die Folter zu spannen und zu quälen. Ich war tatsächlich so eine, die dieses manipulative Regelwerk auch in der Praxis angewandt hatte, und muss ehrlich zugeben, dass es damals funktionierte, wenn auch nicht nachhaltig. Es gab da zum Beispiel einen Mann, für den ich nicht die große Liebe war und er genauso wenig für mich. Ich ließ ihn erst mal zappeln. Da er meine Nichtbeachtung nicht auf sich sitzen lassen wollte, hat er sich so lange ins Zeug gelegt, bis auch ich irgendwann eingelenkt hab, und dann hatten wir den Salat: Die Jagd war vorbei, er hatte, was er wollte, und mich beschlich das ungute Gefühl, dass es nicht um mich oder Interesse an mir ging, sondern nur um den Reiz der Jagd.

Sich zurückzuhalten und die Dinge ruhig anzugehen, ist generell nicht so blöd. Aber dafür muss man kein Buch lesen, das sagt einem der Hausverstand, der ohnehin meist schlauer ist.

Man ist sicherlich gut beraten, nicht gleich beim ersten Date sein Innerstes nach außen zu stülpen, um sich besser schützen zu können, falls der andere kein Match ist. Alles gut – aber der Rest ist für mich aus heutiger Sicht völlig unbrauchbar. Ich will mich nicht rarmachen müssen, weil ich auch nicht wegen irgendwelcher Spielchen gemocht werden will. Außerdem möchte ich keinen Dackel haben, der mir hinterherrennt, und ich habe kein Interesse daran, ein Beutetier zu sein, sondern ich will eine Partnerschaft auf Augenhöhe führen.

Eine der beiden oben erwähnten Autorinnen hat sich mittlerweile von ihrem ersten Jäger scheiden lassen. In ihrem Ratgeber schrieb sie noch, dass man sich, wenn man von einem Mann nicht nach einem Jahr einen Heiratsantrag bekommt, von ihm trennen sollte, da dieses Zögern deutlich zeige, dass er zu wenig Interesse hat. Interessanterweise kam der Heiratsantrag bei ihrem zweiten Jäger erst nach drei Jahren, sie hat ihn angenommen und scheint nun glücklich zu sein.[1] Gut für sie, dass sie ihren eigenen Rat nicht befolgt hat. Hoffentlich hat das auch keine der zwei Millionen Leserinnen gemacht.

Dem einzigen Ratgeber, dem ich künftig mein uneingeschränktes Vertrauen schenken werde, ist meine eigene Intuition. Die gibt mir nämlich immer die richtigen Antworten auf die großen Fragen.

---

[1] http://www.nytimes.com/2001/05/06/style/counterintelligence-rules-books-sell-millions-but-mr-right-takes-a-hike.html

WENIGER IST MEHR, MEHR ODER WENIGER

×××

*„Einfachheit ist der Schlüssel
zur wahren Eleganz."
– Coco Chanel*

Mein Beautycase ist nicht viel größer als das von Karl Dall. Mittlerweile schmiere und pudere ich so gut wie gar nix mehr und sehe trotzdem nicht verlottert aus. Merkt man mir null an. In den letzten zwei Jahren habe ich irgendwann mal beschlossen, mir nicht mehr einreden zu lassen, was ich zu kaufen habe. Klappt nicht immer so ganz, trotzdem habe ich ordentlich ausgedünnt. Das mit dem Weniger-Haben zieht sich mittlerweile durch all meine Habseligkeiten. Damit bin ich nicht allein, immer mehr Leute haben genug vom Haben und rüsten ab, wo's nur geht.

In meiner Kindheit musste man für Güter noch richtig Scheine lockermachen, jetzt heißt es beim Shoppen in Deckung gehen, denn die schmeißen einem alles nach. Dank der Globalisierung gab's irgendwann mal alles für jeden. Fast jeden. Geiz war ein bisschen geil. In keiner Zeit zuvor konnte man sich so viel für so wenig

Geld anschaffen. Auf wessen Kosten, brauche ich euch nicht zu sagen. Ihr habt das ja alles schon mal gehört und die Bilder im Kopf.

Als ich Ende der 90er von zu Hause auszog, ging ich nach Deutschland und fing an, als Redaktionsvolontärin zu arbeiten. Ich musste mit 900 D-Mark (alte Währung, so etwas wie Taler/Gulden) über die Runden kommen. Mission impossible in München, der sauteuren Weltstadt mit Herz. Über die Hälfte davon ging für mein Zimmer drauf. Ein weiterer Teil für die Münzdusche im Gang. 50 Pfennige für zwei Minuten lauwarmes Brausevergnügen, wobei man eineinhalb Minuten dafür aufbrauchte, fremde Haare aus der Duschtasse zu spülen. Ach, die guten alten Zeiten ...

Shopping hieß für mich, Holland-Tomaten beim Penny holen. Bier gab's am Wochenende aus Plastikflaschen mit Schraubverschluss. Lustig war's trotzdem. Neue Klamotten – vergiss es! So sah ich auch aus. Weil ich aber wusste, dass das nur eine Zwischenstation war, ließ ich auch nicht weiter die Ohren hängen und machte das Beste draus, das heißt, dreimal pro Woche Instant-Asia-Nudeln zum Abendessen, Kartoffelpüree ging als Hauptmahlzeit durch. Dieses Nixhaben hatte auch was Gutes. Als Raucherin konnte ich mir nur mehr Discountertabak zum Selberdrehen leisten und weil das so ekelhaft war, hab ich's gleich sein lassen und bin seither Nichtraucherin. Gut, gell?!

Zwei Jahre später war alles anders. Ich konnte mir so gut wie alles kaufen und genau das habe ich dann auch gemacht. Ich war am Durchdrehen, lost im Konsumrausch. In meinen fetten Jahren konnte ich den Hals nicht vollkriegen. „Nur mehr dieses Paar Sneakers und ich hab den Style beisammen, der meinen Typ so unterstreicht." „Diese eine Tasche noch, dann fühle mich gleich viel mehr Sex and the City." So einfach gestricktes Gedankengut ging mir damals unter anderem durchs hübsche Kopferl. Zu meiner Entschuldigung: Ich habe sehr viel gearbeitet, war danach oft sehr

Bier gab's am Wochenende aus Plastikflaschen mit Schraubverschluss. Lustig war's trotzdem.

matschig in der Birne. Zudem hielt ich mich häufig in fremden Städten auf und da fiel mir meist nichts Besseres ein, als der Herde in die nächste Einkaufsstraße zu folgen. Ich geb's zu, etwas uninspirierend, aber was willste machen ...

Irgendwann habe ich aber tatsächlich den Hals bis zum Erbrechen voll bekommen. Ein Jahrzehnt später hatte ich alles und habe mich kein bisschen besser gefühlt. Ganz im Gegenteil, der ganze Krempel fing an, schwer zu werden. Sachen sind wie kleine Hundis, die wollen, dass man sich um sie kümmert. Sie wollen abgestaubt und aufgeräumt werden und brauchen Platz. Sachen wollen instandgehalten werden. Silberschmuck, der geputzt werden soll; Uhren, die neue Batterien brauchen; Schuhe, die gepflegt werden wollen; Devices, die ständig nach Updates schreien; Fahrzeuge, die ab und an repariert werden möchten; Klamotten, die gewaschen, aufgehängt und gebügelt werden sollen; Drucker, die jede zweite Woche neue Patronen brauchen. Gut, Letztere sind aus der Hölle und wären ein Extrakapitel wert. Hier nur kurz: Ich würde jedem davon abraten, sich einen Drucker zuzulegen. Wenn's nicht schon zu spät ist, dann macht einen weiten Bogen drum. Drucker riechen Angst und machen dich fertig, wenn du am schwächsten bist. Die gehen nie, wenn man sie braucht, und machen ihr eigenes Ding. Ihr merkt, Sachen können ganz schön nerven.

Kurz nach der Geburt meiner Tochter kam dann der Rappel, denn zu meinen Sachen kamen erst die meines Mannes. Weil er ein Minimalist ist, gab's da auch nichts zu meckern. Dann kamen die von unserer Tochter hinzu. Wir wurden überhäuft mit Geschenken, so vielen, dass ich kistenweise Klamotten wegbringen musste, die sie so gut wie nie anhatte, da sie stündlich aus irgendwas rausgewachsen ist.

Ich hatte auch keine Zeit und Muße mehr, mich um meinen Krempel zu kümmern, und wollte das meiste nur noch weghaben.

75 Prozent meiner Sachen habe ich verschenkt oder verkauft. Ausgemistet wurde nach der Mag-ich-das-wirklich-Methode. Das machte Platz, vereinfachte einiges und mir ging's besser. Mein Konsumverhalten war danach nicht mehr ganz so meschugge. Wobei ich nach wie vor manchmal noch rückfällig werde, heute krieg ich mich aber dann doch immer wieder ein. Der Ansatz ist der, dass ich versuche, nur noch Sachen zu kaufen oder aufzuheben, die ich wirklich mag. Für diese Erkenntnis habe ich allerdings erst fast 40 werden müssen.

Moderne Technik hat das Ausmisten zudem enorm erleichtert. Zehn Billy-Regale voller DVDs, CDs und Bücher passen jetzt auf ein Tablet. Yay!

 Ja, ich bin so eine, die sich von Büchern trennen kann. Ich bin auch nicht beleidigt, wenn ihr dieses Buch wegschmeißt, vielleicht nicht gleich, ich mag euch noch ein bisschen was erzählen, aber danach gerne. Ich nehm's null persönlich.

Hab das auch mit Büchern gemacht, die ich richtig gern hatte. Wenn ich eine Bibliothek brauche, geh ich in eine. Alles besser, als bei jedem Umzug 1.000 Schmöker von A nach B zu bringen, die man ohnehin kein zweites Mal mehr lesen wird, weil es einfach noch so viel Gutes und Neues zu entdecken gibt.

Am radikalsten ging ich beim Ausmisten im Bad vor. Mir wurde eingebläut, für Schönheit müsse man leiden und das koste. Kam wohl von der vielen Werbung, die man so sieht, und den Visagisten und Friseuren, die in der Vergangenheit an mir herumgezupft haben. Seit ich mir das nicht mehr einreden lasse und nicht mehr so viel an mir rumschmiere, ist meine Haut auch besser geworden. Früher standen in meiner Dusche zehn teure Haarprodukte dumm rum, heute nur noch eins mit dem erfreulichen Ergebnis, dass meine drei Federn aufm Kopp weniger kaputt sind. So einfach. Haut und Haare sind am besten drauf, wenn man sie in Ruhe lässt. Weiß ich von meiner Mama und Oma.

Schön sein geht eben auch ohne Zeugs. Meine Oma übrigens war eine der schönsten älteren Damen, die ich je gesehen hatte, und das nicht nur, weil sie meine tolle Omi war. Sie hatte ein Stück Seife, einen Kamm und Zahnputzzeug in ihrem Bad. Die Seife war übrigens selbst gemacht und gleichzeitig auch ihr Waschmittel. Ihr Beautygeheimnis lag darin, froh zu sein. Froh, dass sie mit ihren fünf Kindern nach der Flucht in Österreich Fuß fassen konnte und sich dort mit ihrem Gemüseanbau und Hühnern fast selbst versorgen konnte. Diese Unabhängigkeit und dieser Frieden gaben ihr ein Leuchten in den Augen und diese tolle Ausstrahlung kann man sich nicht kaufen.

DER FREAK WEISS BESCHEID

✖✖✖

*Manche Männer brauchen
einen Coffee to go.*

Ich habe ja bereits durchblicken lassen, dass ich mich bei der Partnerwahl öfter mal verwählt habe. Es hat lange gedauert, bis ich die Basics in Sachen Liebe geschnallt habe.

Meine wohl schwierigste Liebes-Challenge mit dem größten Lerneffekt war die mit einem jungen Mann, okay, mit einem nicht mehr ganz so jungen Mann, den ich damals auf ein Podest gestellt und lange Zeit bewundert habe. Musste man auch machen, da er ein gutes Stück kleiner war als ich. Ich fang den Absatz besser noch mal von vorn an ... Meine schwierigste Liebes-Challenge war die mit einem älteren, kleinen Mann. Mit der rosaroten Brille damals waren's die großen Gefühle für den aufregendsten Menschen der Welt.

Er war ein gefragter großer Sportler, obwohl er eher klein war, und er war zudem unfassbar charmant. Mit seiner spitzbübischen Art konnte er alle um den Finger wickeln. Ich war damals unschuldig, neu in der großen Welt, ganz hübsch und voller Lebensdrang, zusammengefasst: saunaiv und megaunsicher. Er hing immer im selben Club wie ich ab und schenkte mir einige eindeutige Blicke. Da war's irgendwann um mich geschehen. Ich wollte ihn, er wollte mich, trotz der schier unüberwindbaren Differenzen, die daraus bestanden, dass er geselliger war als ich, soll heißen, er traf sich in anderen Städten mit anderen Damen, wohingegen ich nur Augen für ihn hatte. Wir hatten zudem verschiedene Lebensanschauungen, soll heißen, er war ein Riesennarzisst, sorry, ein kleiner Narzisst, ich ein leicht zu beeindruckender Fan. Seine Freunde waren allesamt Würdenträger mit Ablaufdatum aus der Welt des Sports, meine machten irgendwo Praktikum. Soll heißen, seine sind jetzt Staubsauger-Vertreter und meine tragen nun die Würde.

Ich war nicht so wichtig, das ließ man mich auch nonstop spüren. Es gab Gelegenheiten, da wollte man mich dabeihaben, und andere, da wurde ich spontan versetzt. In den Zeiten vor den Handys war das Hölle, Hölle, Hölle, weil ich nie wusste, was los war, und erst mal dasaß. Lange. Ich habe versucht, mich zu wehren, landete dadurch aber nur in der Freakecke, aus der ich schwer wieder rauskam, und glaubte irgendwann sogar selbst, dass ich ein bisschen loco, loco bin.

☞ *Memo an mein jüngeres Ich: Die Herrschaften, die einem permanent das Gefühl geben, man hätte einen Lattenschuss und rede sich Dinge ein, haben oftmals ganz schön viel zu verbergen und wollen einen so weit bringen, sich selbst nicht mehr zu trauen.*

Weder geistig noch emotional noch sonst irgendwie habe ich aus dieser Beziehung etwas ziehen können, denn man konnte ihn nur bewundern, sich aber wenig mit ihm austauschen. Er war meist zu busy dafür, mich gab's nur am Wochenende. Ich muss nicht erwähnen, wie es sich angefühlt hat, seine Freundin zu sein, und dass es mit uns kein Happy End nahm.

Er tauschte mich irgendwann gegen eine andere aus, die ihre Nase etwas höher trug, daher bei den Würdenträgern besser ankam. Ich war der Freak und geknickt. #freakmitknick

Man kann ihm keinen Vorwurf machen, dass er eine Kompatiblere kennengelernt hat. Man kann ihm aber sehr wohl einen Vorwurf machen, dass er so lange mit der Falschen rumgespielt hat, die gar kein Spielzeug sein wollte. #quitplayinggameswithmyheart

Aber jetzt kommt Cat Stevens ins Spiel, der da einst so schön sang: „The First Cut Is The Deepest", und ich dann so zu mir: „Ja Mann, so blöd werde ich mich nicht mehr schneiden!" Waggershausen Stefan sang dann noch: „Das erste Mal tat's noch weh, beim zweiten Mal nicht mehr so sehr. Und heut weiß ich, daran stirbt man nicht mehr." Und ich jetzt so: „Digger, recht hast du gehabt!" Und dann war da noch meine Mami, die mich damals mit offenen Armen empfangen hat und sagte: „So weh das auch tut, aber wer noch nie Liebeskummer hatte, hat nicht wirklich gelebt." Mit Cat, Stefan und Mami im Rücken ging's langsam wieder bergauf.

Warum hab ich das aber erst mal mit mir machen lassen? Weil ich jung war, nicht wusste, wie's geht, und auf so viel Boshaftigkeit auch nicht vorbereitet war. Außerdem habe ich mich von seinem Charme und seinem Rang ganz stark blenden lassen. Heute hat er weniger zu melden und ich sehe ihn so, wie er ist: klein und in die Jahre gekommen. Trotzdem bin ich ihm dankbar, weil ich von ihm eine Sache lernen durfte: Es kommt nicht darauf an, wie bewundernswert jemand ist, sondern wie gut es mir mit ihm geht, das ist die einzige Währung, die zählt. So einfach. #wiegehtsmir.

Wenn's dem anderen dann genauso gut geht mit mir, dann haben wir das, was man eine gelungene Partnerschaft nennt. Von denen durfte ich danach auch welche haben. Beziehungen, in denen sich der Freak in mir nie gemeldet hat, weil es keinen Anlass dazu gab, weil's ehrlich zuging. Zwei tolle Männer. Der eine in Hamburg, der andere dann Jahre später in Wien. Beide hatten ein großes Herz, einen tollen Humor und einen Batzen Liebe für mich übrig und ich auch für sie. Auch wenn das nicht für die Ewigkeit gedacht war, so waren sie für ein paar Jahre sehr liebe Wegbegleiter.

Ich dachte mir dann ganz schlau, dass ich wüsste, wie's geht mit der Liebe. Bei all jenen, die in destruktiven Beziehungen steckten, nahm ich an, dass sie mehr oder minder selbst schuld waren, wenn sie das mit sich machen ließen. So denke ich heute nicht mehr, weil mir das liebe Karma für diese arrogante Haltung ganz schön eine verpasst hat. Riesenbeule!

Ich hab mich erneut blenden lassen, diesmal war's ein Würdenträger aus der Welt der Politik. Das Verfängliche daran war, dass es sich wirklich lange Zeit gut angefühlt hat. Auf die Frage „Wie geht's dir?" habe ich einige Monate immer gesagt: „Saugut!" Er war ein auf den ersten Blick liebenswerter Typ, der einige Zeit lang den Anschein machte, als würde er es gut mit mir meinen. Irgendwann kam aber diese Schwere im Bauch wieder, das Gefühl, nicht die Einzige zu sein. Mir kam es irgendwie verlogen und manipulativ vor und bäm, da war er wieder: der Freak in mir.

Er kam raus, als wir eine Staffel „Will & Grace" auf seinem Laptop geschaut hatten und er, nennen wir ihn übrigens im weiteren Verlauf der Einfachheit halber Sepp, kurz mal wegmusste. Der Freak in mir dann so: „Mach doch mal den E-Mail-Client vom Sepp auf, ma' checken, wem er so alles schreibt." Das Faultier in mir dann so: „Ach komm, lass gut sein und trink noch ein Glas Wein!" Der Freak dann so zum Faultier: „Halt's Maul, du faule Sau!" Ich dann so: „Okay, okay, jetzt kriegt euch mal alle wieder ein! Ich schau da jetzt rein und trink eine Flasche Wein dazu. Zufrieden?!"

Was ich da gesehen habe, fanden wir alle drei, der Freak, das Faultier und ich, nicht so schön. Ohne großen Rechercheaufwand entdeckte ich, dass der feine Herr einen Ordner hatte, nennen wir ihn mal den „Hintertürl"-Ordner, mit Nachrichten von Damen, mit denen er amouröse Briefkontakte pflegte. Damen, von denen ich nie gehört hatte, die sich unter anderem für die tollen Geschenke bei ihm bedankten. Einen „Tanja, Liebe meines Lebens"-Ordner gab's leider nicht, meine Nachrichten fand ich im „Gelöscht"-Ordner wieder. Der Freak wollte dem Sepp den Kopf abbeißen, das Faultier seine Weinvorräte leeren und ich hab die Entscheidung getroffen, mal wieder Schluss mit ihm zu machen. Habe ich übrigens einige Male gemacht, dabei geblieben ist es nur am Schluss – eh klar.

Immer wenn's mal wieder vorbei war, stand eine ganz spezielle Exfreundin vom Sepp auf der Matte. Als ich mal kurz vor seinem Geburtstag das Handtuch geworfen hatte, stand die Traudl (Codewort für Exfreundin) bei seiner Party mit zwei selbst gebackenen Kuchen auf der Matte. Krass unsympathisch, oder? Wir kamen wieder zusammen. Monate später hing auf einmal die Jacke von der Traudl am Kleiderhaken. Die Traudl war irgendwie immer da.

Beim großen Showdown dieser On-off-Beziehung spielte der Freak in mir eine tragende Rolle. Ich war bei einer von Sepps Wahlveranstaltungen. Zu diesem Zeitpunkt ging der Schalter unserer On-off-Beziehung mal wieder in Richtung on. Eine Freundin von mir aus Wien war gerade zu Besuch. Wir waren in Feierlaune, nur ging das nicht so gut, denn ich konnte von meinem Barhocker aus sehen, dass die Traudl auch da war und der Sepp sehr nah an ihr dran bzw. ihrem üppigen Dekolleté. Was danach kam, ist nichts für Zartbesaitete. Daher diesen Absatz einfach überspringen, falls du Actionszenen nicht so gerne guckst. Jetzt kommt nichts, worauf ich stolz bin, ganz im Gegenteil. Dieses kleine Zusammentreffen dreier im Schicksal seit Jahren verbundener Menschen endete damit, dass sich – unterstützt durch die Genossen Gin und Tonic – bei mir in diesem Moment der ganze Kummer der letzten Jahre auf einmal breitgemacht hat, ich zu den beiden hingetorkelt bin und vor all den anwesenden Parteigenossen lautstark eine Oscar-reife Eifersuchtsszene hingelegt habe, die an Dramatik kaum zu übertreffen war. Alles wurde mucksmäuschenstill, nur die Mairhoferin inkl. Freak schrien rum. Aus meinen Mund sind Wörter gepurzelt, die ich aus jugendschutzrechtlichen Gründen hier nicht wiedergeben darf. Mein verzweifelter Wutausbruch fand seinen Höhepunkt darin, als ich ihm ein Glas entnommen und vor die Füße geknallt habe. Danach machte ich kehrt, schrie weitere Anwesende mit einem „Schaut nicht so blöd!" an und verließ mit meiner Freundin im Schlepptau fluchend das Lokal.

Nicht gut. Gar nicht gut. Das hat natürlich JEDER mitbekommen und die, die's nicht mitbekommen haben, haben's erzählt bekommen, und die anderen, die's noch nicht erzählt bekommen hatten, haben's jetzt gelesen. Ums in den Worten der Bloodhound Gang zu sagen: Der Ruf, der Ruf, der Ruf ist on fire. #endsgeschaemt, gefolgt von einem #hangoverfromhell.

 Wo war hier der Lernerfolg? Wenn der Freak rauskommt, dann darf der NIE alleine das Ruder übernehmen. Lieber mit dem Freak nach Hause gehen, ihm zuhören, aber ihn NIE die Sache allein austragen lassen. Und die Jungs Gin und Tonic sollte man tunlichst aus solchen Sachen raushalten.

Weil sich der Anfang dieser Liebesbeziehung richtig gut angefühlt hat, hat die Hoffnung lange gebraucht, um zu sterben. Die zahlreichen Reanimationsversuche vom Sepp haben irgendwann mal auch nichts mehr gebracht und die Hoffnung hat den letzten Röchler gemacht. Meine Intuition wollte auch schon fast mit draufgehen, hat sich aber wieder aufrappeln können und darf heute wieder überall mitreden.

Mittlerweile hat die Sache sogar noch ein Happy End genommen. Der Sepp hat mit der Traudl eine Familie gegründet. Sie war schon immer die Richtige für ihn. Etwas in mir spürte das schon viel früher. Das war der Freak in mir. #freakweissbescheid

Auf mich wartete irgendwo in Oberbayern etwas richtig Gutes, etwas von Grund auf Ehrliches, das ich mit all der Erfahrung im Gepäck viel mehr zu schätzen wusste: Liebe auf Augenhöhe. Jemanden, für den ich mich nicht verbiegen musste und der's gut mit mir meinte.

Jetzt fragt ihr euch bestimmt, was aus dem Freak geworden ist. Der lebt auf einer Finca in Malle und macht seit ein paar Jahren Siesta. Er hat mich in den letzten acht Jahren weder aufgefordert, irgendwelche E-Mails zu checken, noch will er Leute beschimpfen oder Gläser zerdeppern. Warum? Weil's ehrlicher zugeht und das spürt er, der alte Ganove.

MULTITASKING IST NUR WAS FÜR IDIOTEN

✖✖✖

Multitasking ist die Fähigkeit, mehrere Dinge simultan zu vermasseln.

Viele Dinge gleichzeitig zu machen, ist nicht meins. Kaugummi kauen und Musik hören klappt noch ganz gut. Kommt jetzt aber Schlau-Daherreden noch dazu, bin ich meist schon raus oder zumindest stark irritiert. Multitasking war noch nie so meine Stärke.

In Wirklichkeit kann das keiner so richtig. Weder Weiblein noch Männlein, alles Quatsch. Die Wissenschaft weiß mittlerweile, dass die Multitaskingfähigkeit des Gehirns ein Mythos ist. Das menschliche Gehirn ist nicht in der Lage, zwei komplexe Aufgaben gleichzeitig zu erledigen, vielmehr wechselt es sehr schnell zwischen den Aufgaben hin und her. Treffen mehrere Informationen simultan ein, entscheidet der Zufall, welche davon gespeichert wird.[1]

Multitasking funktioniert nur, wenn man eine Sache richtig draufhat, so etwas wie gehen zum Beispiel, und eine andere Sache macht, die ganz andere Areale des Gehirns in Anspruch nimmt, so etwas wie reden. Man kann beispielsweise auch prima ein Buch le-

---

[1] http://www.ndr.de/ratgeber/gesundheit/Wie-wirkt-Ablenkung-auf-das-Gehirn,multitasking102.html

sen und gleichzeitig klassische Musik hören. Die Gehirnleistung geht aber rapide zurück, sobald man Bushido auflegt. Gut, für diese Erkenntnis hätte es jetzt keine Wissenschaft gebraucht, aber Sprechgesang lenkt krass vom Lesen ab.

Multitasker wollen vieles gleichzeitig machen, erledigen das meiste davon aber nur halbarschig. Laut der American Psychological Association sind Multitasker sogar weniger effektiv und effizient als so einfach gestrickte Leutchen, wie ich es bin. Wenn Multitasker nämlich von einer Aufgabe zur nächsten switchen, hat das Hirn immer wieder kurze Aussetzer, weil es sich neu fokussieren muss. Das wäre so, als würde man zwischen zwei Gesprächen hin und her springen, und müsste dafür die Gesprächspartner immer wieder von Neuem anrufen. Das macht doch keiner, oder?! Bei komplexeren Aufgaben hat man dabei bis zu 40 Prozent seiner wertvollen Zeit vertan.[2] Schön blöd.

Ein paar Forscher aus Stanford haben das wohl lässigste Ergebnis in diesem Zusammenhang vorgelegt. Sie konnten beweisen, dass die Leute, die sich auf die Fahne schreiben, endsmultitasking zu sein, es am allerwenigsten draufhaben. Die Poser haben bei ihren Aufgaben mehr Fehler gemacht, konnten sich nicht so gut an Dinge erinnern und haben länger gebraucht für ihr Zeugs als jene, die gesagt haben, sie seien nicht besonders fit in Sachen Multitasking.[3] Ich habe für die nächste Aussage keinerlei Belege, aber ich glaube, dass das auch auf einige Leute zutrifft, die meinen, sie wären endsschlauer als andere. Checkt das mal aus, falls ihr Hirnforscher seid.

Wenn euch künftig jemand zu viele Aufgaben gleichzeitig aufbrummen möchte, schönen Gruß von mir und nachschieben: „Kann ich nicht machen, weil ich nicht so blöd bin." Sollte als Erklärung reichen.

---

[2] http://www.apa.org/research/action/multitask.aspx
[3] https://www.psychologytoday.com/blog/the-power-prime/201103/technology-myth-multitasking

ENTSCHULDIGUNG, SIE HABEN DA ETWAS FISCHHAUT IM GESICHT

✖✖✖

Was man bei den Kardashians als schön bezeichnet, lässt sich mit einem Reinigungstuch ganz gut wegmachen.

Deutschland ist Europameister! Olé, olé, schalala, aber leider nur, wenn's darum geht, Geld für die Schönheit zu verpulvern. Der deutsche Einzelhandel machte 2015 mit Schönheitspflegemitteln rund 13,4 Milliarden Euro Umsatz. Das sind 300 Millionen Euro mehr als im Vorjahr. Europaweit ist Deutschland der mit Abstand größte Markt für Schönheitspflegemittel. So hässlich find ich diese Piefkes jetzt auch nicht, dass sie da so viel Energie und Geld reinstecken müssen. Bei den Pro-Kopf-Ausgaben für Kosmetikgedöns liegen die Deutschen mit 158 Euro im Jahr über dem europäischen Durchschnitt von 129 Euro.[1]

Vor allem junge Menschen sind sehr anfällig für die Botschaften der Kosmetikindustrie. Bei einer Studie des Marktforschungsinsti-

---

{1} http://www.spiegel.de/wirtschaft/unternehmen/kosmetik-darum-ist-deutschland-bei-schoenheitspflege-europameister-a-1086005.html

tuts Rheingold wurden Jugendliche im Alter von 14 bis 21 befragt. 77 Prozent gaben an, dass ihnen der Beautyfirlefanz ein Gefühl von Sicherheit und Stabilität gibt, gemeint ist, Kontrolle darüber zu haben, wie sie nach außen wirken. Unreine Haut lässt sich aber nicht einfach kontrollieren und je mehr man cremt, pudert und pinselt, umso grantiger wird sie. Will nur keiner glauben, weil so altbackene Aussagen wie meine nicht so überzeugend sind wie die Beautyreklame, die uns jeden Tag entgegenschreit: BRAUCHST DU!!! MUSST DU!!! 330 Millionen Euro steckte die Kosmetikindustrie 2015 hierzulande allein in die Werbung für Gesichtspflege.

Man munkelt, dass auf den Plakaten und Anzeigen jede Menge Photoshop im Spiel war, weil nicht einmal die Models in echt so schön aussehen. Zudem hat meist keine der Damen die Wirkung der angepriesenen Produkte jemals selbst getestet.

Ein paar ausgebuffte Hunde von der Stiftung Warentest haben Cremes aller Preisklassen daraufhin dahingehend untersucht, inwieweit sie ihre Werbeversprechen einhalten können, ihr wisst schon Wirkstoff XY macht dich endsschön und so. Jetzt kommt's: Alle getesteten Cremes wurden als mangelhaft eingestuft.[2] Na bravo und dafür habe ich mir früher Fischhaut ins Gesicht geschmiert. Die steckt nämlich tatsächlich wie Hahnenkämme in vielen Anti-Aging-Produkten. Richtig gehört, Hyaluronsäure kommt unter anderem vom Gockel. Es gibt so gut wie keine unabhängigen wissenschaftlichen Studien, die bestätigen, dass Anti-Aging-Produkte mit dem bloßen Auge sichtbare Wirkung gegen Falten zeigen. Die halbseidenen Verbraucherstudien, die man auf Produktverpackungen immer wieder liest, sind meist von den Firmen selbst initiierte und die können einem dann viel erzählen.

Mach ich jetzt auch mal: 97,3 Prozent aller Leserinnen und Leser dieses Buchs waren deutlich schöner als die Vergleichsgruppe der wesentlich dooferen Nichtleser.

{2} http://www.spiegel.de/gesundheit/diagnose/stiftung-warentest-zu-antifalten-cremes-alle-mangelhaft-a-1068977.html

Die wohl befremdlichste Entwicklung in diesem Bereich sind die Beauty-Hauls: Videos, in denen den Kids eingeredet wird, was sie kaufen sollen. Jeder klar denkende Mensch über 30 kann da nur den Kopf schütteln. In diesen Hauls („Haul" bedeutet „Fang, Ausbeute") leeren sprachlich leicht eingeschränkte Youtuberinnen ihre Rossmann-Tüte vor einer Ikea-Schrankwand aus. Dabei zeigen sie, was sie alles gekauft haben, und der Jugend wird eingebläut, was sie alles unbedingt haben muss. Nun erzählt euch aber Tani, was sie alles nicht mehr kaufen muss. Hier kommt in feinster Youtuber-Manier mein Haul, ähm, Anti-Haul:

 Eeeeyyyy!!!!! Haaalllloooo ihr Süßen, hier ist Taniiis Beauty Palace und ich war heute wieder einmal nicht im Drogeriemarkt. Guckt mal, wie leer meine Tüte ist. Uiuiuiui! Hier meine neun Produkte, die ich schon wieder nicht gekauft habe. Menno ...

1. *Augencreme: Feine Fältchen interessieren mich nicht so dolle und ich werde jetzt auch nicht schöner, wenn die weg wären. Wenn's tatsächlich eine Creme geben würde, die wirklich was rausreißen würde, dann wüssten wir das und wir hätten sie alle. Bis die kommt, verfresse ich das Geld lieber. Alles andere ist Augenwäscherei bzw. -schmiererei.*
2. *Bodylotion: Nach einer Trockenperiode kriegt der Körper das voll gut allein auf die Kette. Voll supi von dem.*
3. *Peeling: Kaffeesatz rubbeln macht's auch und da kann man sich vorher löcka Karamell-Macchiato machen.*
4. *Weichspüler: Echt ihr Süßen, ich mag meine Handtücher knusprig mit weniger krebserregenden Stoffen drin. Voll Laser!*
5. *Waschmittel: Dazu gibt's Waschbälle, die eeeeewig halten, und weil ich nie so genau hinschaue, glaube ich auch, dass die machen, was sie sollen. Kleiner Trick: Sachen nicht bügeln, dann sieht man auch den Dreck nicht gleich.*

6. Anti-Pickel-Creme: Ich habe ja nicht so viel Ahnung, aber mit Pickeln kenn ich mich aus! Ich mach gar nix mehr drauf und meine Akne hält ewig. Hat die davor auch schon gemacht, als ich noch teure Sachen draufgeschmiert hab. Daher das Geld dafür lieber versaufen.
7. Nagellack: Da ich zu wenig Geduld habe, den in Ruhe trocknen zu lassen, sehen bei mir lackierte Nägel schon am ersten Tag krass ungepflegt aus. Wozu the Hassle? Fragt der Hoff.
8. Volumengedöns für die Haare: Meine drei Federn aufm Kopf bleiben drei Federn aufm Kopf, auch wenn ich sie mit Schaum und Haarspray verklebe. Schöner aber, wenn sie nicht wie ein Betonbunker stehen, sondern ein bissi fluffig im Wind wehen, die Federn.
9. Tampons: Ey Mädels, da gibt's voll die süßen Menstruations-Cups in allen Farben. In Pink und Lila und so. Die halten zehn Jahre, echt jetzt, in meinem Fall bis zur Menopause. Ey YOLO!

Ich hoffe, ihr hattet Spaß mit meinem Anti-Haul, und ich freu mich voll, wenn ihr jetzt beim Lesen einen Daumen nach oben macht oder künftig meine Bücher abonniert, wenn das geht. Tschü mit ü, ich hab euch voll lieb, bis zum nächsten mal, eure Taaaniii.

JUNGBÄUERIN TRIFFT STAMMTISCHBRUDER

✖✖✖

Hintam Berg san aa no Leit.
(Hinterm Berg sind auch noch Leute.)
– Bayerisches Sprichwort

Ich bin ein Bauer. Jeder, der mit mir zu tun hat, weiß das. Sobald ich den Mund aufmache, kommt eine Mischung aus österreichischem Stammtischbruder und niederbayerische Jungbäuerin zum Vorschein. Ey Roots, Alter! Da ich als oberösterreichische Unschuld vom Lande (hüstel) mein Fernsehdebüt in NRW hatte, habe ich lange und intensiv versucht, mich diesem Volke anzupassen und Hochdeutsch zu lernen. In dieser Zeit wurde viel an mir rumgenörgelt, was meinen Zungenschlag betrifft. Redakteure und Regisseure, alle hörten immer irgendetwas raus, was ihnen nicht gefiel. Nach ein paar Jahren hatten sie mich aber dann so weit. Mein oberösterreichisch-bayerischer Grenzdialekt war futsch. Ich konnte Deutsch! Halleluja! Kurz danach ging's aber wieder zurück in die Heimat.

„The Return of the Anpassungsschwierigkeiten" – ich bin dann nach Wien gezogen und durfte für das österreichische Fernsehen ein paar Jahre lang diverse Sendungen moderieren. Das österreichische Fernsehdeutsch ist noch mal eine ganz andere Nummer als das Österreichisch, das mir in die Wiege gelegt wurde. Dort spricht man eine eigene Sprache, die mit Hochdeutsch, das ich mühsam erlernt habe, und dem Österreichisch, das man als normaler Bürger spricht, nicht so viel zu tun hat. Einfach mal ORF oder 3sat zum Einschlafen gucken, dann wisst ihr, was ich meine.

Ich spreche weder richtig Bayerisch noch richtig Wienerisch. Irgendetwas dazwischen. Der feine Herr Linguist würde es Donaubairisch nennen, was da aus meinem Mund rauskommt.

 Unter den A-Promis bin ich sprachlich wohl Papst Benedikt XVI. am nächsten. Wir halten also fest: Sprachlich wie Beni Nr. 16, wie wir ihn alle liebevoll zu Hause nicht nennen, vermischt mit dem Vokabular eines wortgewandten Dachdeckers, der in seiner Jugend zu viel MTV geguckt hat. Ihr wisst, worauf ich hinauswill. Oder auch nicht.

Für die Wiener war ich nach vier Jahren knallhartem deutschem Logopädie-Bootcamp so etwas wie der Super-Preuße: ein Mensch mit viel zu kurzen Vokalen – a bissl Oasch. Die Würdenträger vom Fernsehen waren wieder am Rummeckern wie die Kollegen aus dem benachbarten Deutschland Jahre zuvor. Nehmen wir beispielsweise das Wort „Spaß": Für mich hatte das nach damaligem Wissensstand nur ein a. Fehler! In Wien kriegt es gesprochen fünf: für Spaaaaaß. Bei manchen Fernsehproduktionen musste ich eine einzelne Moderation bis zu zehn Mal machen, weil ich immer irgendetwas Deutsches (= Depperes) gemacht habe.

Theoretisch ist dieses Österreichisch nicht so schwer. Man muss nur die Vokale ewig in die Länge ziehen und alle Konsonanten weich aussprechen. Das alles etwas langsamer vorgetragen – und feddich. Hier ein paar Beispiele aus meiner damaligen Jugendsendung: Popmusik war dann die Boobmuuusiiig. Hitparade die Hiiidbaaaraadeee. Geht auch auf Englisch: Die Britney Spears war dann die Briiidneee Sbiiiiaaaas.

Als ich nach ein paar Jahren nach Semmelknödeln und Grünem Veltliner klang und roch, kam der Wechsel zum deutschen Kinderfernsehen. Nach Thüringen. Jetzt wäre wieder so etwas wie Deutsch an der Reihe gewesen. Kruzifix, ich Schussel hab's wieder verlernt! Man muss dazu sagen, dass ich kein Sprachengenie bin, falls das noch niemandem hier aufgefallen ist. In Thüringen wurde es mir zu bunt, ich habe beschlossen, so zu reden, wie mir der Schnabel gewachsen war. Klar, vor der Kamera etwas gemäßigter, aber privat krass der Bauer. Und jetzt kommt's: Weil ich stur und beratungsresistent blieb, hatte auch irgendwann das Genöle ein Ende. Ich wurde zur Quoten-Österreicherin vom KiKA. Habe meine sprachlichen Inkompetenzen hervorgehoben, weil es auch ein Zeichen von „Kommt nicht von hier" war und die meisten fanden das von „geht so" bis „okay". Man fing sogar an, mir die Texte auf den Schnabel zu schreiben.

 Worauf will ich mit dieser hochtrabend spannenden Story hinaus? Dialekte sind was Schönes und bitte Schluss mit abgewöhnen, weil schade drum. Wer was anderes sagt, ist a g'schißana Wappler.[1] Himmiherrschaftszeitenlecktsdumiamarschkruzefixkreizsakaramentnumoi!

Die Sache mit dem einheitlichen Deutsch ist übrigens noch nicht sooo alt. Zu Beginn des 16. Jahrhunderts gab's in Deutschland unzählige Dialekte und zwei Varianten der Standardsprache. Die Sprache des Wettiner Raums im mittleren Osten des deutschen Reichs und die des Habsburger Raums im Südosten. Durchgesetzt hat sich die Literatursprache des Wettiner Raums, auch aufgrund

{1} Ein kleingeistiger Dummkopf

der Bibelübersetzung von Martin Luther, der ja einen fetten Bestseller damit landete. Für Luther war es eine riesige Herausforderung, eine Sprache zu finden, mit der jeder etwas anfangen konnte, um die Übersetzung von der Nordsee bis nach Württemberg zu vertreiben. Man konnte nicht zu der einen Übersetzung noch 1.000 andere machen, wäre zu kleinteilig geworden, und so setzte sich dieses Wettiner Deutsch, geprägt von Luther, dann durch.[2] Was aus diesem Deutsch über die Jahre geworden ist, hört man, wenn Judith Rakers die Nachrichten moderiert.

In einer Tischrede von 1538 sagte der Reformator Luther einmal: „Es sind aber in der deutschen Sprache viel Dialecti, unterschiedliche Arten zu reden, dass oft einer den anderen nicht wohl versteht…"[3] Ich dann so zu ihm: „Martin, du Fuchs, geht mir genauso, wenn ich einen Vorarlberger höre. Auch wenn ich nix von dem verstehe, was der mir sagen möchte, so mag ich es sehr, wie er's sagt, und jetzt hoch die Tassen!" Und dann meinte aber Johann Wolfgang von Goethe noch recht schlau: „Jede Region liebt ihren Dialekt, sei er doch eigentlich das Element, in welchem diese Seele ihren Atem schöpfe."[4] Und ich so: „Word, Hans! Wieder einmal recht gehabt. Auf dich und den Martin werden sie hier noch stolz sein. Aber jetzt in alter Friesen-Manier: nicht lang schnacken, Kopp in Nacken!" Und alle dann so „Yeah!".

Ich kann's jetzt eh sagen, wir sind ja unter uns: Ich habe einen totalen Dialekt- und Akzentfetisch. Mein Mann spricht stark Bayerisch. Das hat mich bei unserem ersten Treffen schon a bissi wuselig gemacht. Er sieht zwar aus wie ein schwedischer Hipster, aber wenn der den Mund aufmacht, dann weiß man, dass er einen Traktor sicher über den Acker bringen kann. Ich steh nicht nur auf Bayerisch, sondern auf alle regionalen Färbungen. Aber leider mag das nicht jeder und viele machen sich darüber lustig. Wer sächselt,

---

{2} Sprachgeschichte. Ein Handbuch zur Geschichte der deutschen Sprache und ihrer Erforschung, Band 3, deGruyter, 2. Auflage, 2003
{3} http://www.planet-wissen.de/geschichte/deutsche_geschichte/geschichte_der_dialekte/
{4} http://religion.orf.at/radio/stories/2694567/

schwäbelt oder bayert, ist der Depp vom Dorf. Ich komm zwar ganz gut klar damit, wenn Leute so über mich denken, solange sie mich damit in Ruhe lassen, aber sobald's in Richtung Diskriminierung geht, werde ich fuchsteifiswuid.

Der lehrende Germanist Péter Maitz von der Universität Augsburg hat leider genau das feststellen müssen, dass sich Muttersprachler nämlich, wenn sie nur eine sprachliche Färbung haben, mit sozialen Nachteilen und Diskriminierung rumschlagen müssen.[5] Nicht selten liest man in Stellenanzeigen, dass Bewerber mit „akzentfreiem Deutsch" bevorzugt werden. Ja, leckst du mi am Oasch, das geht leider gar nicht klar mit dem Artikel 3 des Grundgesetzes für die Bundesrepublik Deutschland, denn da steht: „Niemand darf wegen seines Geschlechtes, seiner Abstammung, seiner Rasse, seiner Sprache, seiner Heimat und Herkunft (...) benachteiligt oder bevorzugt werden."[6]

Dialekte sollen gepflegt werden, weil alles andere schön blöde wäre. Sogar der Bayerische Lehrer- und Lehrerinnenverband (BLLV) will, dass wieder mehr Dialekt an Schulen gesprochen wird, weil's die Kinder schlau macht. Dialekte fördern Sprachkompetenz, Auffassungsgabe, die soziale Entwicklung und abstraktes Denken.[7] Und schön ist es auch. Als ich mal mit dem KiKA einen Dreh an einer Landshuter Schule hatte und uns eine unfrisierte Klasse zur Begrüßung ein bayerisches Gstanzl vorgesungen hat, ging beim gesamten Team das Herzerl auf vor Freude, weil wir mal an einem Ort waren, an dem noch nicht alles glatt gebügelt und genormt war. Ich möchte das übrigens auch nicht sein. Daher rede ich so, wie's eben rauskommt. Welt, komm klar damit! Punkt – oder wie man in Österreich so schön sagt: Buungd.

{5} http://www.sueddeutsche.de/bayern/augsburg-bayern-treibt-kindern-den-dialekt-aus-1.3212406
{6} ebenda
{7} http://www.spiegel.de/lebenundlernen/schule/bayerisch-lehrer-in-bayern-fordern-dialekt-in-der-schule-a-1001374.html

VOLL GUT: NIX LOS UNNERUM

✖✖✖

*„Im echten Leben
würde ich das niemals tun.
Es ist zu anstrengend."
– Pornostar Rocco Siffredi*

Wir sollten alle viel schlechter im Bett sein. Wenigstens in den Federn möchte ich in Ruhe gelassen werden von irgendwelchen Leistungsanforderungen. Wer hat in Sachen Sex die Latte eigentlich so hoch gehängt? Sorry, der musste sein. Aber jetzt mal ehrlich, woher kommt dieser Leistungsdruck und wer erfand diese Terminologie „gut im Bett sein"? Welche Tricks, Kniffe und Sauereien muss man sich aneignen, um mitmachen zu dürfen? Reicht's denn beim Sex nicht aus, dass man sich nackich füreinander macht? Und man gegenseitig den Körper des anderen so klasse findet, dass man dran rummachen will? Dass man Sachen sehen darf, die man nicht mal im Freibad zu sehen bekommt, und dann darf man sie sogar anfassen? Egal ob rasiert, behaart, groß, klein, dick, dünn, lang oder kurz.

Immer wieder wird die Behauptung aufgestellt, dass man nur glücklich und ausgeglichen sein kann, wenn unnerum immer ordentlich was los ist. Wenn's danach gehen würde, wäre ich streckenweise lebensunfähig gewesen, denn ich geb's zu, es gab Zeiten, da hatte meine Libido nicht so viel zu melden. Die vom Dalai Lama übrigens auch nicht und da sind wir uns doch alle einig, dass der einen recht fidelen und ausgeglichenen Eindruck macht. Mein Motto ist daher eher: Es kommt, wie es kommt. Sorry, das war der Letzte dieser Art, versprochen!

Jetzt mal Kamasutra beiseite: Es gibt Menschen, die andere Sachen zu tun haben, als zu vögeln. Für sie gibt es Wichtigeres, wie zum Beispiel ein gutes Buch zu lesen, ein interessantes Gespräch zu führen, lecker essen zu gehen, Fallschirm zu springen oder in aller Ruhe in der Nase zu bohren. All das kann man nur schwer genießen, wenn die Sexperten einem das Gefühl geben, dass man nicht richtig tickt, wenn man nicht ständig kopuliert. Da sag ich zu denen: „Ey hör mal, ich habe mich sogar erfolgreich reproduziert! Was willst du eigentlich von mir? Selber blöd!"

Oft steht der Aufwand, der betrieben werden muss, um ein bisschen Sex zu haben, in keinem Verhältnis zum Output, denn nicht jeder Beischlaf endet wie der Neujahrscountdown am Brandenburger Tor. Auch wenn es sich gerade anders anhört, ich will hier gar nichts schlechtreden, denke aber, dass dieser Sex lange genug überbewertet worden ist und dass das zu ziemlich viel Frustration geführt hat. Mehr als 70 Prozent der Menschen in Deutschland sind mit ihrem Sexualleben unzufrieden.[1] Und warum ist das so? Weil alle meinen, man müsste häufiger und besser. Kann mal bitte jemand den Druck aus den Matratzen lassen?

Das Institut für Psychologie der Universität Göttingen hat paarungsfähige Menschen in allen Altersschichten dazu befragt, wie häufig sie Sex haben. 17 Prozent hatten in den letzten vier Wochen

{1} http://www.zeit.de/2003/44/D-Serie_2fSex/komplettansicht

keinen Sex mit ihrem Partner. Mehr als die Hälfte, 57 Prozent, haben maximal einmal pro Woche Sex. Nur 25 Prozent der Befragten hatten öfter als zweimal die Woche Sex. Wie viele davon gelogen haben, weiß ich jetzt auch nicht.

Und was lernen wir daraus? Es wird in den deutschen Betten auch viel geschlafen und jeder sollte das so machen, wie er will und so oft er will, und sich nicht an irgendwelchen Normen orientieren, denn die gibt es schlicht und ergreifend nicht.

In Sachen Sex wird sich ganz viel in die eigene Tasche gelogen. Kennt wohl jeder so Sexenthusiasten, die so was sagen wie „Ne du, läuft bei mir, opti-topti! Mehrmals die Woche mit allen Sachen, die's so gibt, auch den ganz argen und jedes Mal gleichzeitig, weißt schon". Die Wahrheit hört sich leider anders an. Umfragen zufolge haben nur 25 Prozent aller Frauen beim Geschlechtsverkehr regelmäßig einen Orgasmus. Viele dieser Frauen benötigen dazu klitorale Stimulation. Der Rest hat selten oder nie ein Happy End. Wobei das End auch ohne happy ganz schön funny sein kann. Manch eine hat ihren ersten Orgasmus erst mit 50, andere nie. Das ist oft so und darf auch so sein, weil's offensichtlich normal ist, da es vielen so geht. Eine Frau ist deshalb weder krank noch schwer von Begriff noch prüde. Und allein ist sie damit erst recht nicht, nur traut es sich keine zuzugeben.

Das hält aber niemanden davon ab, viel und gerne über Sex zu reden, aber immer schön am Thema vorbei. Wie lange hielt sich die Mär von der Gräfenberg-Zone aka the unlocated artist formerly known as G-Punkt aufrecht? Wie viele Bücher haben uns Tipps gegeben, wie man den Hund am besten findet? Das Einzige, was man jetzt aufgespürt hat, ist die Tatsache, dass es den gar nicht gibt. In den Nullerjahren wurde damit wissenschaftlich aufgeräumt und Studien zeigen, dass man am besten bedient ist, wenn man an seiner Klitoris herumspielt.[2] Groundbreaking News! Oder auch nicht.

{2} Hines, T. M.: „The G-spot: a modern gynecologic myth." In: American Journal of Obstetrics and Gynecology, Band 185, 2001, S. 359–362

Wie viele Frauen aber haben sich in dieser Zeit verrückt gemacht und angenommen, dass mit ihnen etwas nicht stimmt? Ich bin schon mal eine davon. Und warum haben wir uns so lange anlügen lassen? Weil's die Sexperten wohl besser wissen müssen? Tun sie aber nicht.

Hinzu kam vielleicht auch, dass keine Frau Schwäche zeigen wollte und so etwas sagen wollte wie „Hey Mädels, ich suche mir hier schon seit Wochen den Wolf, seid ihr sicher, dass es den G-Punkt auch wirklich gibt? Ich glaub, ich hab den nicht. Mein ja nur ...".

Und da sind wir beim nächsten Knackpunkt, wenn's ums Plug-in-Installieren geht: Wir haben so viele Versagensängste – dabei könnte doch alles so schön sein. Guckt euch die lieben Tiere an. Die schaffen das auch ohne Sexualtherapie, Kamasutra und Orgasmusdruck. Wegen der Versagensängste dürfen wir uns keine Vorwürfe machen, die haben wie so vieles ihren Ursprung in der Außenwelt. Türen verriegeln bringt in diesem Fall nichts. Der Sex findet dich nämlich überall! Es gibt kaum ein Produkt, dass nicht irgendwie sexy in Szene gesetzt werden muss. Das fängt sogar schon bei denen für Kinder an. Disney-Figuren, die tiefe Ausschnitte haben, extrem kurze Röcke tragen und hohe Absätze sind für uns schon zur Norm geworden. Hinterfragt keiner mehr, fällt im Suchbild gar nicht mehr auf, dass da was nicht stimmt. Ja, ich rede von dir, TinkerBell, geh sofort in dein Zimmer und zieh dir einen Pulli an! Es ist kalt draußen!

Die Medien haben einen diabolischen Beitrag geleistet im Setzen von unerreichbaren Maßstäben, hinzu kamen diese aufwühlenden Kurzfilme zum Thema Fortpflanzung im Internet. Pornos haben geholfen, dass viele von uns den Spaß an der Realität verloren haben, weil wir denken, genau so performen zu müssen wie die mit den riesigen Melonen/Nudeln, um zu gefallen. Nur haben in den Pornos die Beteiligten meist nicht wirklich Spaß und wir dann beim Nachmachen erst recht nicht. Fun Fact für zwischendurch: Pornogucker haben laut Max-Planck-Institut kleinere Gehirne![3] Je mehr man guckt, umso kleiner wird das Großhirn. Alle doof von Knick-Knack-Filmen. Darf nur leider keiner den Zeigefinger gegen die Pornogucker erheben, dafür haben wir alle zu viel belastendes Material gesehen. In keinem Land der Welt wird so fleißig geschaut wie in Deutschland.

Von dem, was ich bisher gesehen habe, habe ich auch schon genug gesehen. Sorry, ich bin raus! Schamhaarkahlschlag, High Heels, ausgetüftelte Blowjob-Skills, Gummibrüste, BDSM. Da muss ganz schön aufgefahren werden, damit es filmreif ist.

Sex ist kein Leistungsfach. Dafür gibt's keinen besseren NC und pornomäßig gut im Bett zu sein, bringt niemanden großartig weiter im Leben. Außer man macht Pornos, dann schon.

Man muss aber kein leichthirniger Pornofan sein, um von der Realität enttäuscht zu sein. Kaum eine Liebesszene in Hollywood, die nicht mit wilder Akrobatik und lautem Gestöhne enden muss, und keine Musikperformance mit züchtig angezogenen Damen in bequemem Schuhwerk. Was macht das mit uns? Es gibt uns das Gefühl, dass wir ganz arme Würstchen sind, denn Sex sieht bei uns meist nicht so aus und auch wir sehen anders aus. Gott sei Dank gibt's da so etwas wie die Realität, über die wir weiter dringend sprechen sollten.

Eine Untersuchung unter 8.204 deutschen Männern und Frauen ergab, dass die sexuelle Zufriedenheit innerhalb der Partnerschaft in den ersten zehn Jahren stark abnimmt und dann auf einem niedrigeren Niveau bleibt.[4] Im Jahr 2016 sind sexuelle

{3} https://www.mpib-berlin.mpg.de/de/presse/2014/06/wer-viele-pornos-schaut-hat-ein-kleineres-belohnungssystem
{4} https://www.uni-goettingen.de/de/3240.html?cid=2048

Probleme bei 69 Prozent der Fälle das schwerwiegendste Problem innerhalb ihrer Beziehung gewesen. Die Unzufriedenheit entsteht oft aus dem Gefühl heraus, dass man annimmt, die anderen hätten öfter und besseren Sex. Soll heißen, die Mehrheit denkt, dass die Mehrheit besseren Sex hat. Sogar so ein mathematischer Vollpfosten wie ich es bin, merkt hier gleich, dass da was nicht stimmt. Wir meinen, bei den anderen geht's voll ab, während bei den anderen unnerum auch nix los ist.

Viel Sex heißt auch nicht automatisch: alles gut. Manchmal ist das Gegenteil der Fall, wenn man nichts Besseres miteinander anzufangen weiß, als miteinander zu schlafen, hat Sex auch etwas armseliges. Nicht dass das bei mir jemals so gewesen wäre. Moment, doch, da gab's mal was. Keine Beziehung, die großartig Eindruck hinterlassen hätte.

Zahlreiche Beziehungsratgeber wollen Tipps geben, wie wieder Schwung in die Kiste kommt. Das erhöht den Druck nur weiter, denn Ausreden gibt's dann nicht mehr, man muss abliefern. Alles andere ist verkehrt. Aber ist das so? Mir wäre es lieber, wenn man mal darüber sprechen würde, dass es völlig in Ordnung ist, wenn nicht so oft einparkt wird und man trotzdem genauso zufrieden sein kann.

Der sexuelle Overkill in den Medien steht also im krassen Gegensatz zur sexuellen Praxis in Deutschland. Sex miteinander zu haben, ist rückläufig, die Masturbation hingegen nimmt zu.[5] Dank der vielfältigen, gut durchdachten technischen Gerätschaften, die es in den letzten Jahren auf den Markt geschwemmt hat, hat der Spaß an der eigenen Freude stark zugenommen. Vibratoren sind mittlerweile so hübsch, dass sie sich eigentlich einen Platz auf dem Kaminsims verdient hätten. In Form von süßen Delphinen oder Häschen, als wären sie von Apple designt, mit USB-Anschlüssen, internen Heizreglern, 40 Geschwindigkeitsstufen und obendrein

---

{5} https://www.dasgehirn.info/handeln/liebe-und-triebe/wo-ist-nur-die-libido-geblieben-4504

oft noch schöner verpackt als ein Collier von Tiffany. Sogar ganz freche Vibrations-Apps fürs Smartphone wollen uns nun auch noch mobil beglücken. Das macht das Alleinreisen wesentlich komfortabler und erleichtert am Flughafen den Sicherheitscheck mit Handgepäck enorm. Mittlerweile haben 59 Prozent aller Frauen auch schon mal mit altersgerechtem Spielzeug hantiert und hoffentlich ihre Freude damit gehabt. Man macht's sich heutzutage lieber selbst und lässt die Finger von den anderen. Vor allem die Millennials wollen trotz Tinder immer weniger aneinander rumschrauben. Das belegt eine Studie der San Diego State University, bei der mehr als 26.700 Menschen zu ihrem Sexualverhalten befragt worden sind. Witzig fand ich, dass das mitunter daran liegt, dass diese Generation weniger säuft, als das meine noch getan hat.[6] Wenn man sich die Leute nicht mehr schönsaufen kann, geht man lieber allein heim. Auf diese Info brauch ich erst mal einen Schnaps.

Seit einiger Zeit sind die Herrschaften, bei denen in den Lenden nix los ist, sogar untereinander organisiert. Das in den USA gegründete Internetforum für Asexuelle, AVEN (Asexual Visibility and Education Network), hat weltweit zigtausend Anhänger, die alle zugeben, dass sie keine Lust auf Sex haben und sich trotzdem gesund fühlen. Allein die deutsche AVEN-Webseite zählt mittlerweile fast 10.000 Mitglieder mit Stammtischen in Heidelberg, Karlsruhe, Köln, Leipzig, Stuttgart und Südbayern, bei denen es bestimmt recht züchtig zugeht.

Schämen braucht sich da keiner. Die Hirnforscherin Nicole Prause von der University of New Mexico in Albuquerque hat sich mit der Libido und dem Gehirn von Asexuellen lange beschäftigt. Für sie gibt es keine Indizien, die darauf hinweisen, dass es sich bei der Asexualität um eine körperliche Fehlentwicklung handelt. Damit verhält es sich ähnlich wie mit jeder anderen sexuellen Orientierung auch. Es handelt sich dabei weder um eine Krankheit noch

{6} http://www.medicaldaily.com/hookup-culture-millennials-sex-abstainance-393531

Wenn man sich
die Leute nicht mehr
schön saufen
kann, geht man lieber
alleine heim.

um ein psychisches Problem. „Es gibt keine Therapie", stellt Prause klar. „Das wäre ethisch genauso verwerflich wie eine Kur gegen Homosexualität."[7]

Vor vielen Jahren schon hat mir ein Artikel über eine Studie die Augen geöffnet. Die amerikanischen Soziologen Pepper Schwartz und Philip Blumstein untersuchten das Sexualverhalten von heterosexuellen, schwulen und lesbischen Paaren. Die Ergebnisse veröffentlichten sie in ihrer Studie „American Couples: Money, Work, Sex".[8] Darin schrieben sie, dass in lesbischen Langzeitbeziehungen das sexuelle Interesse an der Partnerin mit der Zeit stark abnimmt. Der von Schwartz und Blumstein in diesem Zusammenhang geprägte Begriff „Lesbian bed death", zu Deutsch „Lesbischer Bettentod", besagt also, dass Langzeit-Frauenpaare wesentlich seltener Sex haben als heterosexuelle oder schwule Paare. Heißt aber nicht, dass die lesbischen Paare weniger körperlich miteinander wären als die anderen. Es sagt jedoch einiges darüber aus, wie wichtig vielen Frauen der Sex letzten Endes ist. Jetzt sage ich als Nichtwissenschaftlerin ohne Weltruf: Einigen Frauen ist Geborgenheit und so Zeugs auf Dauer viel wichtiger.

Für den einen ist's erst richtig schön, wenn's zur Sache geht, für den anderen, wenn's kuschlig wird. Jeder soll's am besten nach seiner Fasson machen. Es findet sich immer einer oder eine, die's genauso mag, ganz ohne Müssen und Druck von außen.

{7} https://www.dasgehirn.info/handeln/liebe-und-triebe/wo-ist-nur-die-libido-geblieben-4504
{8} http://www.nytimes.com/1983/10/23/books/modern-arrangements.html?pagewanted=all

DER CLOONEY GEORGE, DIE CHER UND WIR DANN SO

✖✖✖

„The older you get, the better you get.
Unless you're a banana."
– Betty White in „Golden Girls"

Die Sache mit dem Altern: Alt werden ist schon sehr lässig, das darf nicht jeder. Trotzdem setzt es manchen, inklusive mir, streckenweise hart zu. Die Alternative zum Nicht-alt-Werden ist leider nur sterben und das wollen wir ja nicht. Daher mal kurz innehalten und froh sein, dass wir es schon mal so weit geschafft haben. Vor 100 Jahren wäre ich schon eine Greisin gewesen, da lag die Lebenserwartung bei ca. 49 Jahren.[1] Heutzutage hat man mit 40 grad mal den Führerschein und eine eigene Waschmaschine.

Weil wir alle älter werden und nicht genug junge Menschen nachwachsen, kommt es zu diesem groß angekündigten demografischen Wandel. Laut dem Berlin-Institut für Bevölkerung und Entwicklung sind ab 2050 die meisten alt. 60 Prozent aller Deutschen

{1} Halder, G.: Demographischer Wandel und politische Antworten in Deutschland, Peter Lang GmbH, 2008

sind dann über 65.[2] Diese grauen Füchse, zu denen ich dann hoffentlich auch noch zählen werde, sind zäh wie sonst was, ihre Lebenserwartung wird bei ca. 85 Jahren liegen.[3] Die Botschaft ist also angekommen: Deutschland wird saualt. Aber irgendwie geht dieses Wissen nicht so konform mit einer Gesellschaft, in der man nicht alt werden darf.

Ich habe mit Ende 30 mittlerweile schon öfter zu hören bekommen, dass ich mein berufliches Haltbarkeitsdatum bereits überschritten habe. Ich wäre nie auf die Idee gekommen, dass mich das Älterwerden so schnell trifft. Seit ich den Fuß in die Medienbranche gesetzt habe, bin ich zu alt für alles Mögliche: zu alt fürs Musikfernsehen, zu alt fürs Jugendprogramm, zu alt fürs Volontariat bei der Tageszeitung, zu alt für die Hauptrolle in der Telenovela, zu alt, zu alt, zu alt, zu alt. Den Zuschauern war es meist schnuppe, wie alt ich war, sofern ich es mal vor die Kamera geschafft habe. Für Kinder und Jugendliche bist du ab 25 sowieso schon over the Hill und die können zwischen 25 oder 45 auch nicht weiter unterscheiden, daher wurscht. Aber nicht wurscht bei den Entscheidern.

Altersdiskriminierung findet statt und das schon früh. Damit bin ich aber nicht allein, 21 Prozent aller Deutschen haben sich wegen ihres Alters schon benachteiligt gefühlt, das ist das Ergebnis einer Studie der Antidiskriminierungsstelle des Bundes.[4] Dort, wo Rollenbilder in die Welt gesetzt werden, in den Medien, will man's ganz besonders jung. Aber will das der Konsument auch so? Als Fernsehzuschauer lasse ich mir lieber etwas von Menschen erzählen, von denen ich annehmen darf, dass eine interessante Biografie dahintersteckt. Viel aufmerksamer höre ich zu, wenn jemand weiß, was er erzählt. Alter geht meist mit Kompetenzen, Reife und Weitsicht einher. Es findet null Wissenstransfer statt, wenn mir ein so-

---

{2} http://www.berlin-institut.org/online-handbuchdemografie/bevoelkerungsdynamik/auswirkungen/alterung.html
{3} https://de.statista.com/statistik/daten/studie/273406/umfrage/entwicklung-der-lebenserwartung-bei-geburt-in-deutschland-nach-geschlecht/
{4} http://www.spiegel.de/wirtschaft/soziales/neue-studie-jeder-fuenfte-klagt-ueber-altersdiskriminierung-a-810881.html

lariumgerösteter Muskelprotz mit einem GNTM daneben sagt, wie swag und YOLO alles ist. Ich nehme mal an, dass viele Zuschauer so denken, aber aufgrund der Unsicherheit in der Branche durch den Quotendruck wird überall geschraubt, wo es nur geht, und leider auch am Alter der Moderatoren.

Die Menschen werden zwar fachlich mit den Jahren immer fitter, die Gesichter aber auch immer reifer und somit für die Fernsehentscheider unbrauchbarer. Die öffentlich-rechtlichen Sender wie ARD und ZDF sind nicht ganz so schlimm wie die privaten Anstalten, trotzdem gibt's da Zahlen, die mich nachdenklich stimmen. Wollen wir mal die Tagesthemen zerfleddern: Das Einstiegsalter der Frauen liegt dort bei ca. 35 Jahren, das der Männer bei ca. 51. Sabine Christiansen war lange Zeit die Frontfrau der Tagesthemen und moderierte im Alter von 29 bis 50. Mit ihren zarten 50 war sie aber die älteste weibliche Moderatorin der Tagesthemen ever ... hmmm ... Alle anderen Damen waren vorher raus.[5]

Nicht nur beim Fernsehen ist das so, auch in der Werbung und im Kino. Das Center for the Study of Women in Television and Film von der San Diego State University erbrachte die Zahlen dazu. Man nimmt dort regelmäßig die 100 erfolgreichsten Filme auseinander und was dabei herauskam, ist nicht schön für die Ladys. Nur 12 Prozent aller Rollen wurden 2015 mit Frauen besetzt. Die meisten weiblichen Charaktere waren in ihren 20ern (23 Prozent) und 30ern (30 Prozent). Bei den Männern waren die meisten Rollen jenseits der 40 angesiedelt. Vor 15 Jahren wurden noch 16 Prozent aller Rollen von Frauen übernommen. Ein deutlicher Rückgang also.[6]

Ich hoffe auf so etwas wie natürlichen Fortschritt, dass manche Dinge sich mit der Zeit von allein regeln, weil Menschen schlauer werden, einsichtiger. Aber let's face the Facts: Ohne zu kämpfen, passiert gar nix. Weder in der Filmbranche noch in vielen anderen Bereichen.

{5} https://schspin.wordpress.com/2013/08/07/nachrichten/#english
{6} http://womenintvfilm.sdsu.edu/files/2014_Its_a_Mans_World_Report.pdf

Es kommt übrigens noch fieser: Die Schauspielerinnen bekommen immer weniger Text, je älter sie werden. Bei Männern ist es genau andersrum, die quatschen immer mehr, je näher sie in Richtung Blasenschwäche rücken, so die Ergebnisse vom Forschungsinstitut Polygraph.[7] Ich will euch nicht weiter mit Zahlen deprimieren, aber fragt mal Dr. Google nach „Study Polygraph" und denkt an die Kotztüte – beim Lesen könnte euch nämlich schlecht werden. Einer der vielen Beweise, dass wir in Sachen Gleichberechtigung in vielen Bereichen noch im dunklen Mittelalter herumtappen.

 Zudem herrscht nach wie vor der Irrglaube, Männer würden im Gegensatz zu Frauen besser altern und mit den Jahren interessanter werden. Da werden gerne so Kamellen hervorgeholt wie „Guck dir den Clooney George an, wie klasse der aussieht!". Ja Herrschaftszeiten, wieso muss der immer als Beispiel für die gesamte Männerwelt herhalten? Der Schorschi (Anm.: österreichisch für „Georg", gerne auch „Schurli") ist gerade mal Mitte 50! Und der deutsche Durchschnittsmann Ü-50 sieht nicht aus wie der Clooney-Beau aus Hollywood.

Zu sagen, Männer altern besser als Frauen, ist diskriminierend und vor allem Bullshit. Jetzt komme ich nämlich mal mit ein paar hochattraktiven Kanonenschüssen aus der Traumfabrik – Julianne Moore, Geena Davis, Julia Louis-Dreyfus und Andie MacDowell sind sogar allesamt älter als der Schurli. Großartige Weibsbilder, mitten im Leben, die mit dem Schorscherl in so ziemlich allem locker mithalten können.

Mal ein kurzer Realitycheck nachgeschoben: Die alternden Männer um mich herum kriegen zum Teil Bierbäuche (ich hab echt nix gegen Onepacks), manche verlieren die Haare (mehr Platz zum Küssen da) und andere tragen Jack-Wolfskin-Jacken (schön warm

{7} http://polygraph.cool/films/

um die Nieren rum). Völlig in Ordnung, aber Jungs, lasst bitte den Clooney George am Comer See mit Brad und dem Ben weiter in Ruhe Schlauchboot fahren. Als allgemeingültiges Beispiel für den überaus schön alternden Mann taugt der nix. Und der Sean Connery auch nicht. Wir verändern uns alle und das ist gut so. Jeder verknittert individuell und das sollte man als Gesamtgesellschaft zulassen können.

In letzter Zeit sah man auf Modeschauen und in Werbeanzeigen immer öfter ältere Damen. Alles in allem ist das eine famose Entwicklung. Nur schade, dass die Damen wie junge Topmodels aussehen, nur mit grauen Haaren. Für ihr sensationelles Aussehen müssen die betagteren Models wesentlich mehr leisten als die 30 Jahre jüngere Kollegenschaft. Ich mach mich gleich megaunbeliebt, aber kaum einer von uns wird später mal so aussehen wie die oder Jane Fonda oder Catherine Deneuve. Nicht einmal sie selbst tun es, die Damen geben zu, dass sie ordentlich an sich haben rumdoktern lassen.

Wenn wir in Filmen, Zeitschriften und diesem Internetz ältere Damen sehen, dann sind es meist die Schönsten der Schönen und es sind immer die gleichen: Iris Berben, Helen Mirren, Senta Berger, Susan Sarandon, Diane Keaton, Christiane Hörbiger, Hannelore Elsner und Ruth Maria Kubitschek. Da all diese Beautys so ziemlich die einzigen sind, die man in Film, Funk und Fernsehen zu sehen bekommt, werden sie für viele zur Norm. Nur unsere Omas sehen anders aus.

 Was ist mit den echten Menschen, die nicht immerwährend den Ansporn hatten, fit und attraktiv zu bleiben? Die wichtigere Dinge zu tun hatten? Die andere Sorgen hatten? Die weder die Mittel und Möglichkeiten hatten? Die von Krankheiten oder schwierigen Umständen gezeichnet wurden? Sind die dann schlechter im Alter?

Vorschlag: Schluss mit „gut" altern müssen. Man hat es ohnehin nicht in der Hand. Klar hat man ein bisschen Einfluss, wenn man seinen Körper pflegt, auf sich schaut, sich bewegt und fesch macht – brauch ich euch nicht erzählen, macht ihr ohnehin schon. Dann is aber auch mal wieder gut. Muss ja noch Zeit für andere Sachen sein. Enten füttern, Enkelkinder verhätscheln, ausm Fenster gucken, lesen und Netflix schauen.

Nächster Vorschlag: Nicht mehr so viel darüber reden, wer schlecht oder schnell gealtert ist. Solche Urteile möchte ich mir erst wieder nach meinem 70. Geburtstag erlauben. Dann darf ich mitreden. Vorher hab ich da nix zu melden, weil ich jetzt noch nicht weiß, wie's um mich knittertechnisch so stehen wird.

Dritter und letzter Vorschlag, dann geb ich Ruh: Wir sollten nicht mehr über jene herfallen, die mittels Schönheits-OPs nachgeholfen haben. Solange in dieser Gesellschaft das Ideal von der jungen, schönen Frau so hochgehalten wird, darf man sich nicht wundern, wenn so etwas am Ende dabei rauskommt. Ich habe Verständnis für Menschen, die einen derartigen Leidensdruck verspürt haben, dass sie so weit gegangen sind. Ich will mich nicht darüber lustig machen, sondern vielmehr fragen, wo dieser Druck herkommt. Also lasst mir meine Cher in Ruhe!

WÜNSCHEN ZAHLT KEINE RECHNUNGEN

✖✖✖

„Wer keine Hausaufgaben macht, fährt auch keinen Jetski." [1]
– Robert Geiss in „Die Geissens"

Ich hatte sie alle. Im Regal stehen. Die Ratgeberbücher. Im Alter von 18 bis 30 habe ich sie regelrecht verschlungen. Vorwiegend jene Bücher rund ums Wünschen und positive Denken. Die Welt wird darin so schön einfach erklärt. Man kann die Philosophie dieser esoterischen Ratgeber auf wenige Sätze runterbrechen: Das, was du denkst, soll irgendwann mal Wirklichkeit werden. Und wenn ich positiv denke und es mir wünsche, werde ich eines Tages Prinzessin oder Schlagersängerin. Mehr steht da tatsächlich nicht drin. Alle paar Jahre wird dieser Satz dann in einem neuen Buch ausgeschlachtet, neue Verpackung drum und bäm – Bestseller! Und wie komm ausgerechnet ich jetzt dazu, mich darüber auszulassen, wenn ich bis vor einem Jahrzehnt diese Bücher so gerne gelesen habe? Zum einen habe ich jetzt die nötige Expertise und darf auch darüber reden und zum anderen gab's da irgendwann

---

[1] https://www.welt.de/fernsehen/article109117192/Die-Geissens-sind-der-Schrecken-aller-Millionaere.html

mal einen Aha-Moment. Ähnlich wie mit einer stonewashed Bundfaltenjeans. Früher oder später fällt es einem wie Schuppen von den Augen: Irgendwas stimmt da nicht! Welcher Gehirnwäsche unterlag ich denn da?!

Meine Begeisterung für Bücher dieser Art lag mitunter daran, dass ich in diesen Jahren ein Patentrezept für all die Wehwehchen gesucht habe, mit denen man sich als heranreifende Frau so rumschlägt. Die Zeit zwischen 20 und 30 kann turbulent sein. Trotz des vielen Ausprobierens, Feierns, Reisens und Rumknutschens ist es nicht so einfach, sich in dieser Welt, die von außen ganz schön drücken kann, zurechtzufinden – und überhaupt ... Ich wollte Lösungen. Gefunden habe ich sie in den Büchern nicht. Vielleicht ab und zu Hoffnung. Das ist für kurze Zeit auch schön so. Nur können falsche Hoffnungen schnell mal in Enttäuschungen umschlagen.

☞ *Viele von den besagten Druckwerken stammen aus Übersee. Amerikaner mögen diese Art von Philosophie besonders gerne. Das passt auch prima zu ihrer Mentalität. Der amerikanische Traum geht in etwa so: Du kannst alles erreichen, wenn du nur willst. Klar haben wir jetzt mehr Möglichkeiten denn je. Uns steht ziemlich viel offen und ein Depp ist derjenige, der alle Chancen an sich vorbeiziehen lässt. Mein Widerspruch: Vom Wünschen und positiven Denken allein kommt man auch nicht hoch vom Sofa.*

Die „You can get it, if you really want"-Attitüde der Amerikaner ist bestimmt inspirierender als das Tiefstapeln und Granteln, das ich so gut aus meiner österreichischen Heimat kenne. Ich will aber trotzdem aus dem Ganzen keinen Zwang machen und finde es wesentlich lösungsorientierter, meiner schlechten Laune auf den Grund zu gehen, als alles blöd wegzugrinsen und zu meinen, es wird schon. Die Wünsch-dir-was-Philosophie kann einen darüber hinaus stark blockieren. Viele Freunde der simplen Esoterikliteratur sind nämlich hauptsächlich damit beschäftigt, sich in der Theorie auszumalen, wie schön alles sein könnte, und übersehen vor lauter Wünschen vielleicht die kleinen Chancen, die das Leben bietet. Auch okay, aber nicht schön. Die Einverleibung des banalen österreichischen Bauernspruchs „Von nix kommt nix" ist meines Erachtens zielführender als tausend Seiten Ratgeberliteratur.

Nach oben geht's nämlich nur, wenn man sich bewegt. So funktioniert jede Treppe. Vom Grinsend-am-Absatz-Sitzen und Sich-nach-oben-Wünschen hat's noch keiner nach Hollywood geschafft.

Klar, wünschen ist ganz schön. Kuchen essen aber auch. Es ist auch nicht verkehrt zu wissen, wo man hinwill. Außerdem lässt sich die Herausforderung Leben besser meistern, wenn ich gut drauf bin. Hoffen ist auch schöner als verzweifeln. Nette, fröhliche Menschen mag man lieber als böse. Solche Erkenntnisse hätten auch von meiner kleinen Tochter ohne große Überlegungen beim Frühstück kommen können. Das wissen wir alle schon und im Idealfall leben wir das auch ab und zu. Weiteren Hokuspokus verbiete ich meinem Bücherregal aber. Was da in Sachen Leben auf einen zukommt, kann man mit Vorher-lieb-Denken und Im-Universum-Bestellen nicht beeinflussen. Auch das Gummibärchenorakel darf auf gar keinen Fall als Lebensratgeber ernstgenommen werden und eignet sich maximal als fröhliches Trinkspiel.

Was mir am unangenehmsten beim esoterischen Wunschkonzert aufstößt, ist, dass man im Umkehrschluss annehmen muss, dass sich Menschen, die nicht so viel Glück hatten oder einen Schicksalsschlag erleiden mussten, das Falsche oder nicht genug gewünscht haben und sich dadurch selbst um ihr Glück brachten. Fiiieeeees!!! Dafür bin ich viel zu optimistisch, dass ich solche gemeinen Rückschlüsse zulassen kann.

Ich glaube, was ich sehe, und das ist, dass es garstige Ungetüme gibt, die verbittert sind und dabei alt, satt und reich werden, und dass es tolle, inspirierende Menschen gibt, die das Glück nicht haben. Das ist nicht generell so, aber es kommt nicht selten vor. Die versprochene sich selbsterfüllende Prophezeiung geht daher in der Realität nicht auf, sonst wären nämlich alle Sieger bei DSDS. Über die meisten Dinge hat man trotz der Wünsche und des Grinsens keine Macht. Der einzige Spielraum, den ich vielleicht habe, ist zu entscheiden, was ich aus dem, was mir das Leben zuwirft, mache: Wie ich damit umgehe, wenn's mal dicke kommt. Eventuell kann ich dann noch zusehen, dass ich irgendwo und irgendwie meinen Frieden finde. Aus.

HASHI WER?

✖✖✖

*Ich bin heute so motiviert,
ich könnte Bäume ansehen.*

Auch wenn wir uns noch so viel Mühe geben, nicht jeder ist fit genug fürs Hamsterrad. Ich bin da schon ein paar Mal rausgefallen. Vor einem Jahr wurde bei mir eine weit verbreitete Autoimmunkrankheit festgestellt namens Hashimoto-Thyreoditis. Bei dieser Krankheit wird die Schilddrüse durch das eigene Immunsystem angegriffen. Meine Schilddrüse ist dabei schon stark geschrumpft. Da diese Krankheit schmerzlos verläuft, wird sie oft erst spät bemerkt. Man sagt, dass in Westeuropa 1 bis 2 Prozent der Bevölkerung unter Hashimoto-Thyreoditis leiden.[1] Jeder kennt also ein paar, die's haben, und viele wissen es oft gar nicht, dass sie's haben. Frauen sind drei- bis vierfach häufiger davon betroffen als Männer. Klingt alles fies, ist aber medikamentös ganz gut in den Griff zu kriegen.

Ich bin mittlerweile mit meinen Tabletten gut eingestellt und freue mich seither über ein fideleres Leben. Warum ich gerade hier meine Krankenakte ausbreite? Weil ich lange Zeit nicht funktionie-

---

{1} https://www.welt.de/themen/schilddruesenkrankheiten/

ren konnte und mich diese Krankheit dazu zwang, Schluss mit dem Muss zu machen.

Was ich in „Läuft. Nicht" als inneres Faultier beschreibe, ist zum Teil auch dieses Hashi-Dingsbums. Ich wusste lange Zeit nicht, dass es für dieses Nix-auf-die-Reihe-Kriegen eine medizinische Ursache gab. Die Schilddrüse ist unter anderem für den Energiestoffwechsel zuständig und da die bei mir nicht mehr so dolle mitgemacht hat, war ich lange Zeit alles andere als frisch und leistungsstark. Ich wurde immer schwächer, hatte starken Haarausfall, Gelenkschmerzen, Konzentrationsschwierigkeiten und war ab 18:00 Uhr zu nichts mehr zu gebrauchen ... Nicht schön, wenn man noch was vorhat. Kino oder so.

Ich fühlte mich latent ausgeknockt. Die anderen um mich rum schafften das gleiche Pensum, einige stemmten sogar noch mehr und ich war immer wieder im Stand-by-Modus. Auf die Idee, dass ich krank war, bin ich nicht gekommen. Meine Ärzte leider auch nicht. Von den ersten Wehwehchen bis zur Diagnose bin ich fast sechs Jahre im Dunkeln herumgetappt. Draufgekommen ist man letzten Endes zufällig, als ich wegen anderer Beschwerden bei einem neuen Arzt war. Der konnte eins und eins zusammenzählen und nach ein paar Bluttests und einem Ultraschall hatte ich's dann eine Woche später schwarz auf weiß: Hashi-Dings. So schlimm sich das erst mal anhört, ich war aber erleichtert, denn endlich konnte ich mir alles erklären und es gab eine Lösung. Mit dem Schilddrüsenmedikament haben sich nun fast alle Beschwerden verzogen, zwar nicht endgültig, aber zumindest so lange ich die Medikamente einnehme und die Dosis immer wieder nachjustiere.

Da ich all die Jahre davor nicht wusste, was da los war, gab's lange Zeit nur eine Erklärung für mich: klarer Fall von faule Sau! Ich habe mir schlimme Selbstvorwürfe gemacht, weil es ja keinen offensichtlichen Grund gab, warum ich so war. Ich habe alles ausprobiert, um leistungsstärker zu werden, bin aber nie wirklich in die Gänge gekommen. Gerade mit einem kleinen Kind an seiner Seite will man gut funktionieren. Das ging allerdings nicht immer. Hinzu kam der Druck von außen und am Ende machte sich eins breit: das Gefühl, nicht gut genug zu sein. Nicht so prima für einen selbst.

 Die Zeit hatte aber auch etwas Gutes. Tatsache. Viele der Leistungsansprüche, die an mich gestellt wurden, musste ich zwangsläufig hinterfragen und somit das Nützliche von dem weniger Nützlichen trennen, zum Beispiel Wäsche waschen – ja; bügeln – eher nicht; Kalkflecken und dreckige Fenster putzen – auf gar keinen Fall! Ich wollte und konnte mich nicht mehr für irgendjemanden oder irgendwas buckelig arbeiten und das war auch gut so. Die Prioritäten haben sich verschoben. Ich habe jetzt eine Ahnung davon, wie das mit dem Fünfe-gerade-sein-Lassen geht.

Es gibt viele Ursachen, warum Leute nicht mehr so gut abliefern können. Laut dem Institut für Medizinische Diagnostik in Berlin sind weltweit derzeit etwa 5 bis 8 Prozent der Bevölkerung von ungefähr 80 bis 100 verschiedenen Autoimmunerkrankungen betroffen. Autoimmunerkrankungen sind nach Herz-Kreislauf- und Tumorerkrankungen die dritthäufigste Erkrankungsgruppe.[2] Wegen der Schilddrüse, sei es durch eine Über- oder Unterfunktion, werden Menschen immer wieder aus dem Hamsterrad geworfen, denn beides setzt schachmatt. Etwa jeder dritte Deutsche hat laut der Deutschen Gesellschaft für Nuklearmedizin mit einer krankhaften Veränderung der Schilddrüse zu kämpfen. Wenn wir uns also die Gesamtheit aller Beschwerden anschauen, dann ist es ein Wunder, dass so viele den Dauerlauf im Hamsterrad durchhalten. Von außerhalb betrachtet, frage ich mich dann, ob es wirklich so erstrebenswert ist, da wieder reinzuspringen. Unser Gesundheitszustand

{2} http://www.imd-berlin.de/spezielle-kompetenzen/autoimmunerkrankungen.html

hat natürlich viel mit unserem Broterwerb zu tun und damit, wie viel Zeit, Kraft und Nerven wir dafür einsetzen. Interessanterweise kann auch zu wenig Arbeit krankmachen, das wollte das Faultier in mir so gar nicht glauben. Aber manche Leute, vor allem weibliche, brummen sich in ihrer „Freizeit" gerne mal zu viel auf. Wenn sie beispielsweise Angehörige pflegen und Kind und Haushalt allein übernehmen, kann das natürlich auch auf die eigene Gesundheit schlagen. Halbtagsjobs können ebenfalls zum Verhängnis werden, wenn derselbe Output wie vorher verlangt wird und Mama 15 Minuten nach Feierabend im Kindergarten stehen soll. Schlafstörungen, Rückenschmerzen, Magenprobleme nehmen allerdings mit der Arbeitszeit zu. Laut dem Stressreport der Bundesanstalt für Arbeitsschutz und Arbeitsmedizin hat beispielsweise jeder Dritte mit einer Wochenarbeitszeit von über 48 Stunden Schlafprobleme, bei 20 und 34 Stunden dagegen sind es mit 27 Prozent deutlich weniger.[3]

Auch wenn wir es lieber untern Tisch kehren möchten, aber ein Drittel aller Deutschen kämpft innerhalb eines Jahres mit einer oder mehreren psychischen Störungen.[4] Oft können wir uns ohne Arbeitsausfall wieder aufraffen, aber viele brauchen irgendwann mal Unterstützung. 40 Prozent aller Deutschen haben einmal in ihrem Leben eine behandlungsbedürftige psychische Krankheit.[5] Die krankheitsbedingten Ausfalltage sind hierbei besonders hoch und liegen im Jahr bei ca. 35 Tagen. Die physischen Symptome kommen natürlich an erster Stelle: Am häufigsten krankgemeldet ist man hierzulande wegen Muskel-Skelett-Erkrankungen, also Rücken. Männer haben damit öfter zu tun als Frauen. An zweiter Stelle kommen Krankheiten des Atmungssystems, sprich Erkältungen. Da erwischt es Männlein wie Weiblein gleich häufig. An dritter Stelle folgen dann die besagten psychischen Erkrankungen. Frauen sind davon fast doppelt so häufig betroffen wie Männer. Warum das so ist, brauch ich euch Füchsen nicht zu erzählen, mach ich

{3} http://www.spiegel.de/gesundheit/psychologie/arbeitszeit-die-suche-nach-der-richtigen-work-life-balance-a-958027.html
{4} http://www.aerzteblatt.de/archiv/134430
{5} http://www.zeit.de/karriere/beruf/2014-06/wichtigste-fragen-burn-out

aber trotzdem: weil die Damen nicht nur im Job volle Leistung bringen (müssen), sondern auch an den anderen Schauplätzen als Mutter/Frau/Tochter und überhaupt. Zu viel davon geht nicht gut.
So viel zur gesamtdeutschen Krankenakte. Viele Wehwehchen sind in diese Statistik nicht eingeflossen, weil sich einige immer wieder kränkelnd zur Arbeit schleppen, obwohl so ein bisschen Bettruhe für den geschundenen Körper manchmal ganz gut wäre. Ich weiß, ich hör mich an wie eure Mama, nur hat die wie so oft recht. Nehmt euch mal ein Beispiel am Franzosen! Der ist im Schnitt 7,2 Prozent seiner Arbeitszeit krankgemeldet, der Deutsche hingegen nur 5,67 Prozent. Das sind übers Jahr verteilt immerhin acht Arbeitstage mehr Liegenbleiben. In Binge-Watching-Einheiten[6] umgerechnet, sind das dann alle (!) zehn Staffeln „Friends". Trotzdem sind französische Arbeitnehmer produktiver als deutsche. Laut einer EU-Studie stellt der Arbeitnehmer hierzulande im Schnitt pro Arbeitsstunde Güter im Wert von 42,80 Euro her, der Franzose aber Sachen im Wert von 46,70 Euro.[7] Krass, gell? Wer hätte sich das bei den fleißigen Deutschen gedacht?!

Meldet euch daher öfter mal krank, wenn's so ist – der nationalen Produktivität zuliebe. Meist sind ja die Ansprüche an uns selbst die viel größere Belastung, denn die Einsicht, dass so ein Arbeitstag nur acht Stunden hat, ist bei vielen Vorgesetzten schon angekommen. Vielmehr ist das Problem: Wir wollen so vielen Rollen und Leuten gerecht werden und vergessen dabei ganz oft uns selbst. Das ist vielleicht auch einer der Gründe, warum ich jetzt Hashi-Dings habe, denn je größer der Stress, desto größer das Risiko einer Autoimmunerkrankung.[8] In einigen Berufsgruppen würde ein kürzerer Arbeitstag zu mehr Zufriedenheit führen und in Folge auch zu weniger Krankmeldungen und letztendlich zu mehr Effektivität. Darin ist sich nicht nur die Wissenschaft einig, sondern ich mir auch mit meinem Faultier. In vielen europäischen Ländern

{6} Koma-Glotz-Einheiten
{7} http://www.manager-magazin.de/politik/deutschland/arbeitsproduktivitaet-in-frankreich-hoeher-als-in-deutschland-a-999056.html
{8} http://www.br.de/br-fernsehen/sendungen/gesundheit/themenuebersicht/medizin/schilddruese-Hashimoto-unterfunktion-ueberfunktion100.html

versucht man deshalb, etwas Druck aus dem Job zu nehmen. In den Niederlanden beispielsweise haben die Menschen einen Rechtsanspruch aufs Homeoffice. Die Skandinavier experimentieren schon länger mit verschiedenen Arbeitszeitmodellen. In Göteborg beispielsweise läuft ein Projekt, bei dem Angestellte aus dem sozialen Sektor nur noch sechs Stunden pro Tag arbeiten müssen bei gleicher Bezahlung. Das macht die Pflegeberufe in der Gegend um einiges attraktiver – wie bei uns fehlen denen nämlich die Leute, die diese Jobs machen wollen. Jetzt zeichnet sich schon ab, dass das Personal mit den Sechs-Stunden-Tagen zufriedener und ausgeglichener ist. Auch in der freien Wirtschaft haben sich Firmen gefunden, die bei gleicher Bezahlung einen Sechs-Stunden-Tag einführen, es sind zwar noch wenige, aber immerhin. Eine Toyota-Werkstatt in Stockholm beispielsweise führte dies bereits vor 15 Jahren ein mit dem Ergebnis, dass die Mechaniker wesentlich motivierter waren und die Werkstatt 25 Prozent mehr Profit machte. Soll heißen, weniger ist mehr und mehr ist weniger.

Jetzt kommt ein recht schlauer Bauernspruch aus meiner Innviertler Heimat: „Wenn's net geht, dann geht's net." Könnt ihr gerne in einem philosophischen Zirkel besprechen, um den komplexen Inhalt dieser Aussage zu verstehen, hier nur kurz: Wenn einem Dinge also nicht so gut gelingen wollen und man die Ansprüche nicht erfüllen kann, die die Welt an einen richtet, dann hat das Gründe, physische, psychische oder man macht einfach das Falsche.

ICH MUSS NICHT ALLES KÖNNEN

✖✖✖

*Nur weil ich etwas nicht kann,
heißt das noch lange nicht,
dass ich's nicht mache.*

Ich habe das Nervenkostüm eines Eichhörnchens. Das liegt daran, dass ich ziemlich viele Eindrücke gleichzeitig aufnehmen kann. Bin ich in einem Restaurant, ist meine Wahrnehmung überall. Ich sehe die Bilder, die Tapete, die Leute, krieg die Stimmung mit, die Gespräche, die Gerüche und was der Typ im Eck gerade bestellt hat. Wo sich andere fokussieren können, hüpft meine Aufmerksamkeit wie ein wild gewordener Flummi durch den Raum. Aus diesem Grund habe ich auch immer Ohropax und einen E-Reader dabei, damit ich wenigstens das Hören ausschalten kann, wenn ich es nicht brauche, und mich auf irgendetwas fokussieren kann. Neudeutsch würde man vielleicht sagen, die hat ADHS. Ich sag dazu: gut drauf und bei allem mit dabei. Es wurde zwar nix dergleichen offiziell bei mir diagnostiziert, aber Frau Dokta, Dokta behauptet das jetzt mal so. Als Kreative ist das manchmal gar nicht so verkehrt, da man die vielen bunten Eindrücke wieder verwurschteln kann. Und wie jeder weiß, ohne Eindrücke keine Wurst. Da dieser Input für so ein kleines Kopferl manchmal ganz schön viel sein kann, ist auch dementsprechend schnell mal Schluss beim Eichhörnchen. Es kriegt dann ein bisschen Schaum vorm Mund und springt auf einen Baum, wo weniger los ist, das heißt, Tanja ist überfordert. Dieses Nervenkostüm macht mich für eine Reihe von Berufen schon mal völlig unbrauchbar. Ich wäre beispielsweise als Kellnerin, Bauarbeiterin, Kriegsreporterin, Fluglotsin oder Chirurgin nicht die erste Besetzung. Bei den Medien sind die Eichhörnchen aber ganz gut aufgehoben, weil die mit ihrer Wahrnehmung überall sind und denen dementsprechend wenig entgeht. Bis ich zu guter Letzt das Richtige gefunden habe, sind mir aber die ersten grauen Haare gewachsen.

Da ich ja an der Abendschule mein Abitur nachgeholt habe, musste ich mich tagsüber mit allerlei Gelegenheitsjobs über Wasser halten. Ich war mir für nix zu schade. Habe Klos geputzt, bin Postbotin gewesen, Schuhverkäuferin, Kraftfahrerin und habe auch bei einer Behörde als Stempeldepp gearbeitet. Ich war so ziemlich der untauglichste Mitarbeiter von allen und das musste man dort erst mal schaffen. Trotzdem hätte die Behörde mich damals als festen Stempeldeppen sogar übernommen, da mich meine Vorgesetzten gut leiden konnten und ich sehr bemüht war, meinen Job richtig zu machen. Manchmal reicht das als Qualifikation völlig aus. Mit einem Quäntchen Ehrgeiz wäre ich über diesen Stempeljob vielleicht Beamtin geworden. Ich würde dann noch immer mit dem Stempeln irgendwelcher Formulare beschäftigt sein und im Grunde nicht verstehen, warum ich das mache. In einer Kleinstadt ist so ein Beamtendasein durchaus etwas Erstrebenswertes. Das wäre außerdem ein Mordssprung auf meiner sozialen Leiter gewesen. Es sollte aber nicht so sein. Ich wollte die Welt sehen und nicht meinen Kopf auf ein Stempelkissen legen. Außerdem war ich viel zu neugierig.

20 Jahre später bin ich der Hansdampf in allen Gassen, der ich nun mal bin, und damit auch zufrieden.

Ich habe versucht, ein guter Stempeldepp zu sein, weil das von all den beruflichen Optionen, die mir damals offenstanden (Klos putzen, mich als Kraftfahrer verfahren), die beste war und mein Chef zudem menschlich sehr okay. Ich bin aber leider immer wieder an meiner eigenen Begriffsstutzigkeit gescheitert. Es war für mich keinerlei Logik hinter der Stempelei und ich war so fehl am Platz, wie es Darth Vader auf einer Dessousparty wäre. Ich hatte keine Ahnung, was ich da den ganzen Tag für Formulare abgestempelt und welche Steuersätze ich immer wieder in den Computer eingegeben habe. Nachdem ich nun allerhand studiert und gesehen habe, muss ich mir aber nicht vorwerfen, auffallend blöd zu sein. Da gibt's zwei, drei Doofere. Trotzdem habe ich beim Amt so rein gar nichts gerafft. Erst Jahrzehnte später wusste ich, welchen Knoten ich da im Hirn hatte. Die Thematik hat mich bei all den Bemühungen schlicht und ergreifend nicht interessiert. Das Eichhörnchen wollte weg. Wo kein Interesse, da auch non capito. Formulare sind mir einfach ein Graus und weil's so grauslig war, wollte das alles nicht in den Kopp rein.

Und was lernen wir aus dieser Geschichte rund ums Thema „schwer von Begriff"? Dass ein Eichhörnchen mit Stempeln wenig anzufangen weiß.

UPS, SCHON WIEDER 34!

✖✖✖

*„Ich bemühe mich, möglichst gut auszusehen.
Nicht, möglichst jung auszusehen."* [1]
– Christiane Hörbiger

Selbstverständlich will auch ich mich lange frisch halten und habe schon einiges dafür getan, hin und wieder Sport gemacht, ausgedehnte Friseurbesuche, gesund gegessen, viel geschlafen und so verrückte Sachen. Mit ein paar simplen Hilfsmitteln kann man das Ablaufdatum sichtlich verlängern.

Ich habe für mich aber beschlossen, dass ich nicht jünger aussehen muss, denn aufhalten kann ich die Zeit eh nicht, gegen die hab ich nämlich keine Chance. Aber das Beste aus dem rausholen, was da ist, geht klar, überfordert mich nicht und sieht am Ende auch besser aus. Und wenn dieses Bemühen bedeutet, halbwegs gesund zu leben und ein bisschen auf sich zu achten, dann bin ich dabei. Dagegen spricht nämlich gar nichts. Für mehr Firlefanz fehlt mir allerdings die Muße. Die Tatsache, dass ich in der Mitte meines Lebens angekommen bin, gibt mir erstmals ein Gespür dafür, dass

---

[1] https://www.welt.de/print-welt/article162210/Ich-versuche-besessen-mein-Alter-nicht-zu-verleugnen.html

das Leben endlich ist. Die Realität schaut nämlich so aus: In ca. zehn Jahren bin ich mitten in den Wechseljahren. Die Haare, die alle paar Wochen am Ansatz rausblitzen, sind grau. Und seit dem letzten Malle-Urlaub sind auf meinen Händen die ersten Altersflecken zu sehen, wir nennen es der Einfachheit halber mal Sommersprossen. All diese Veränderungen sind mir 35 Jahre lang nicht in den Sinn gekommen. Mittlerweile kann ich dem Älterwerden aber sogar einiges abgewinnen. Ich weiß, was ich kann und was ich nicht kann. Das hilft ungemein, weil ich mich bei DSDS nicht mehr blamieren werde. Ihr werdet mich weder singen hören noch tanzen sehen. Ich bin mir meiner Grenzen bewusst und muss auch nicht mehr höher, schneller, weiter kommen.

Außerdem bin ich tatsächlich der Meinung, dass einen das Alter schöner macht. Es gibt ältere Leute, an denen kann ich mich schwer sattsehen. Ich fühle mich, so kurz vor 40, wohler denn je in meiner Haut. Kein Blabla, ist so.

 Jedes Lebensalter hält eine Überraschung bereit und manche sind sogar ganz gut. Zum Beispiel werde ich jetzt auch öfter mal für voll genommen, nicht immer, aber immer öfter. Hinzu kommt, dass ich es trotz meines mir innewohnenden Faultiers geschafft habe, einiges im Leben zu stemmen, und das wird auch von dem einen oder anderen Menschen honoriert.

Zudem werden mir weniger Avancen gemacht, was ich momentan noch als einen klaren Vorteil empfinde. Ich kann nicht sagen, wie sich das mit 60 anfühlen wird, aber jetzt finde ich's grad ganz gut. Ich werde euch in 20 Jahren in meinem Werk „Scheiß drauf, jetzt ist es auch schon egal" Genaueres dazu sagen können, wie es ist, seit 20 Jahren unsichtbar zu sein. Wenn dieser Tage jemand zu mir nett ist, dann jedenfalls meist nur, weil er mir über die Straße helfen will oder mich einfach sympathisch findet, und nicht primär, um mich klarzumachen.

Während meiner Zeit in Wien habe ich regelmäßig in einem sehr feinen Fitnessstudio am Opernring trainiert. Am tollsten fand ich die vielen betagten Damen dort. Reife Operndiven, Politikergattinnen und andere Würdenträgerinnen der Wiener Gesellschaft. Kurz gesagt, alles, was in Wien Ü-60 war und Lametta umhatte, kam dorthin. Ich war 40 Jahre jünger und fühlte mich pudelwohl unter ihnen. In diesem Fitnessstudio wurde mir ein bisschen die Angst vorm Alter genommen. Die Damen haben mich sehr inspiriert. Sie hatten sichtlich Spaß am Leben und haben auf sich geschaut. Mehr so Begegnungen mit überparfümierten, adretten Damen, bitte! Aber wo findet man solche Frauen? In den Medien leider kaum. Gerade jetzt, wo die grauen Füchse bald die Mehrheit ausmachen werden, würde es uns guttun, wenn's mehr so coole Golden Girls gäbe.

Wir sollten uns das Gefühl nicht nehmen lassen, attraktiv und fit zu sein, auch wenn wir Hälse wie Truthähne haben. Denn die Falten können uns nicht so viel anhaben, solange wir noch strahlen und ein bisschen Freude in die Welt bringen können – aber das wisst ihr selbst.

Die Happy Hour liegt übrigens noch vor uns. Untersuchungen zufolge sind wir zwischen 58 und 77 am glücklichsten. Das hat nichts mit dem finanziellen, beruflichen oder familiären Status zu tun. Wir sind es in der Lebensphase einfach, weil wir immer besser darin werden, im Hier und Jetzt zu leben, und statt zu machen, was andere von uns wollen, das machen, was wir wollen.[2] Quasi Schluss mit Muss. Na dann, stellt schon mal den Champagner kalt, ich bin bereit fürs Alter!

{2} Schuett, S.: Demografie-Management in der Praxis, Springer Verlag, 2014

ONE-NIGHT-STAND = WOMANIZER + VOLKS-MATRATZE

✖✖✖

Wenn es falsch ist, seine Sexualität selbstbestimmt zu leben, möchte ich ab heute nichts mehr richtig machen.

Jetzt kennt ihr ja meine Meinung zum Thema Liebe, Sex und Zärtlichkeit. Ich find's völlig in Ordnung, wenn da nicht so viel los ist. Wir sollten uns alle nicht so stressen lassen, weil's noch wichtigere Sachen zu tun gibt. Wir sollten uns aber auch von niemandem ein schlechtes Gewissen einreden lassen, wenn's mal wilder zugeht.

Apropos, hat jemand von euch mein Kettenhemd und meinen Köcher mit den Pfeilen gesehen? In Sachen sexueller Gleichberechtigung sind wir nämlich noch im Mittelalter und haben einen langen Kampf vor uns. Wir können zwar mit Siri quatschen, Autos allein fahren lassen und dabei die Gala lesen, nur Frauen, die ihre Sexualität offen ausleben, gehen vielen zu weit. Mann darf das, nur Frauen werden in diesem Fall ganz schnell verurteilt. Die Amerikaner haben einen Begriff dafür, nämlich „Slut Shaming", übersetzt heißt das in etwa „Schlampen verachten". Slut Shaming findet dann statt, wenn eine Person eine Frau beleidigt, weil diese ihre Sexualität auf eine Art und Weise auslebt, die nicht mit den verstaubten patriarchischen Vorstellungen von Frauen übereinstimmen.[1]

Frauen werden also schon mal gerne als Schlampen beschimpft, wenn sie sich sexy anziehen oder eine andere Meinung haben. Prinzipiell könnte somit jede Frau so bezeichnet werden, die nicht gerade Topflappen häkelt, an der Multifunktions-Küchenmaschine rumfummelt oder einen Rosenkranz betet.

Wieso meine ich jetzt, mit meiner zeitweise stinkfaulen Libido mitreden zu können? Weil mir diese Doppelmoral schon länger unangenehm aufstößt und weil's auch bei mir andere Zeiten gab ... Da ging's nicht so züchtig zu. Ich hab in meiner Jugend wenig anbrennen lassen. Hatte längere Beziehungen, kürzere und kaum erwähnenswerte. Dazwischen auch immer wieder gähnende Leere. Lifestyletechnisch irgendwas zwischen Uschi Obermaier und Wachturm-Missionarin.

Den Wunsch, einen kompatiblen Partner zu finden, hatte ich, wie die meisten von uns, schon in der Pubertät. Es gab so manche Abende, da zog ich aufmerksam wie ein Erdmännchen mit meinen Freunden durchs Nachtleben und hielt Ausschau nach Mr. Right, Mr. Glitter oder wahlweise auch Mr. Fun und wurde immer mal wieder fündig. Erst mit Ü-30 wurde es irgendwann langweilig. Als ich dezent angeschickert in meinem Lieblingsclub stand und mit irgendeinem viel zu coolen Surfdude angebandelt hab, dachte ich mir: „Hey, sei doch mal verrückt, mach doch mal was anderes! Such dir jetzt mal einen richtig Netten!" Wenige Monate später landete ich nach einem kalten Wintertag in einer warmen Badewanne, so hat es sich nämlich angefühlt, als mein grundsolider Bayer dann vor mir stand. Anders. Gut nämlich.

{1} http://feminismus101.de/slut-shaming/

Short Story long, soll heißen: Ich würde gerne frei und selbstbestimmt das machen können, was ich gerade zu diesem Zeitpunkt für gut und richtig halte. Wenn man keinem dabei wehtut, ist nix Verwerfliches dran, wenn zwei Menschen liebevoll aneinander rumschrauben. Trägt mehr zum Weltfrieden bei, als wenn sie sich die Nacht mit einem Ego-Shooter-Spiel und Sixpack um die Ohren geschlagen hätten. Vor allem geht es niemanden etwas an. Keiner von uns muss danach die Betten überziehen oder dabei zuschauen. Trotzdem werden sexuell aktive Singles gerne mal verurteilt. Excuse-moi! Sexuell aktive Frauen. Männer gehen aus One-Night-Stands meist als Helden hervor, Frauen als Jagdtrophäen. Genug Bogen gespannt, da wären wir also wieder – beim Slut Shaming.

 Hier ein paar Bezeichnungen für Männer, die öfter mal andocken: Hengst, Ladykiller, Frauenheld, Casanova, Womanizer, geiler Bock, Pimp, Gigolo, Playboy ... Klingt irgendwie anerkennend, irgendwie wie viele Schulterklopfer. Schauen wir uns mal an, ob es sich bei den Frauen auch so hübsch anhört: Schlampe, Hure, Nutte, Flittchen, Volksmatratze und Schnalle. Eher nicht!

Die amerikanische Sprachforscherin Julia Stanley hat sich mal die Mühe gemacht nachzuzählen, wie viele Wörter es im Englischen für promiskuitive Frauen gibt, das heißt für Damen mit wechselnden Sexualpartnern. Dabei fand sie 220 Begrifflichkeiten. Für die Männer gab's nur 22 und diese sind auch bei den Angelsachsen wesentlich schmeichelhafter als die Bezeichnungen für die Damen.[2] Diesem Phänomen begegnet man in allen Sprachen dieser Welt. Hier ein Beispiel aus Finnland: Die Linguistin Mila Engelberg von der Uni Helsinki hat ebenso mitgeschrieben und im Finnischen 400 Wörter für sexuell aktive Frauen und nur 120 für Männer gefunden.[3] Die Ausdruckweise geht auch hier wieder zugunsten der Hallodris.

{2} Franzen, C., Bauer, L.: Of Pavlova, Poetry and Paradigms: Essays in Honour of Harry Orsman, Victoria University Press, 1993, S. 45
{3} Engelberg, M.: „The communication of gender in Finnish." In: Gender across languages. The linguistic representation of women and men, Band 2, 2002, S. 126–127

ONE-NIGHT-STAND = WOMANIZER + VOLKSMATRATZE

Männer gehen aus One-Night-Stands meist als Helden hervor, Frauen als Jagdtrophäen.

Aber wer steckt nun hinter diesem Sexmoral-Sondereinsatzkommando, das die Damen so böse verurteilt? Sind wir ehrlich miteinander: wir alle. „Wer unter euch ohne Sünde ist, werfe den ersten Stein." Das bleibt das letzte und einzige Bibelzitat, ich schwör's. Aber siehste ... Keiner traut sich zu werfen, alle ham die Hosen voll. Hat nämlich jeder schon mal gemacht. Obwohl jeder genug Dreck vor der eigenen Tür hat. Ich auch. 'tschuldigung. Nicht cool von mir.

Einen Oh-Gott-wie-krass-Moment hatte ich, als ich auf Youtube Monica Lewinskys Auftritt bei einer TED Conference 2015 in Kanada sah. Wer ihn noch nicht gesehen hat, sollte Dr. Google mal danach fragen. Eine Frau, die sich mit 22 in ihren charmanten und einflussreichen Chef verliebt hat und deren Leben danach zerstört wurde.

Mit 22 haben die meisten von uns viele saudumme Sachen gemacht. Ich kann nur von Glück sprechen, dass sich niemand für meine Eskapaden interessiert hat, anders ist es bei jemandem wie Lewinsky. Sie zählt zu den am meisten gedemütigten Menschen des 20. Jahrhunderts. Die ganze Welt hatte nach der Clinton-Affäre eine Meinung über sie: Schlampe. In 40 Rapsongs wird ihr Name genannt, meist in keinem schmeichelnden Zusammenhang.

Lewinsky hätte diesen Skandal fast nicht überlebt. Bei ihrem Auftritt erzählte sie, wie ihre Mutter in dieser Zeit jeden Abend beim Einschlafen an ihrem Bettrand saß und sie monatelang mit offener Badezimmertür duschen musste, damit sie sich nichts antun konnte. Fast zwei Jahrzehnte lang hatte sie Suizidgedanken.

Für Bill Clinton ging's nach dem Skandal irgendwann wieder weiter, er ist mittlerweile ein geachteter Staatsmann, hochbezahlter Redner und anerkannter Berater. Dem „Filou" von damals hat man diesen Aussetzer mehr oder weniger verziehen. Anders ging man mit Monica Lewinsky und Hilary Clinton ins Gericht. Clintons Frau wurde im Wahlkampf immer wieder vorgeworfen, sie hätte sich in dieser Affäre falsch verhalten. Man war der Meinung, sie hätte ihren Mann verlassen müssen und wäre nur aus Machtgier bei ihm geblieben. Ein anderer meinte, sie wäre nicht imstande, Amerika zu beglücken, wenn sie das nicht einmal bei ihrem Mann könne (Zitat Trump aka Chef-Troll vom ganzen Internetz)[4]. Monica Lewinsky ist schwer traumatisiert, konnte beruflich lange Zeit nicht Fuß fassen und in der Liebe hatte sie bisher auch kein Glück.

Aber wer war in diesem Schauspiel noch mal der Lump? Und wer wurde am meisten geschädigt? Und wie deppert kann denn das Internet bitte sein? Und wo geht's hier eigentlich zum Klo?

Die Zeiten haben sich nach dem TED-Auftritt für Lewinsky Gott sei Dank geändert. Sie kämpft nun gegen Cybermobbing und hält auf der ganzen Welt Vorträge dazu. Go Warrior!

☞ *Welchen Beitrag kann ich jetzt dazu leisten, dass diese Doppelmoral irgendwann mal den Löffel abgibt? Ich hab mir mal zum Hobby gemacht, diese Sexmoralapostel zu fragen, wieso sie sich berufen fühlen, über andere so zu urteilen, und wie es denn vor der eigenen Tür so aussieht. Macht man sich zwar keine Freunde damit, nur solche braucht man eh nicht.*

Und dann ist es noch ganz wichtig, dass man genau so Sex hat, wie man das will, und nicht so, wie andere das für richtig halten. Wie hat der unverschämt lässige Oscar Wilde schon gesagt: „Versuchungen sollte man nachgeben. Wer weiß, ob sie wiederkommen!"

{4} http://www.independent.co.uk/news/people/international-women-s-day-2016-the-donald-trump-quotes-about-women-that-make-his-success-even-more-a6918741.html

TECHNIK, DIE BEGEISTERT

✖✖✖

*„Ich bin hip, ich surfe im Web.
Ich simse … LOL – Laugh Out Loud,
OMG – Oh My God,
WTF – Why The Face."
– Phil Dunphy in „Modern Family"*

Ich mag mein Handy und schau da gerne und oft rein. Es gibt immer wieder Leckerlis zu finden, die mein Gehirn mit Freude aufnimmt. Das Belohnungssystem ist am Start, ich bin gut drauf. Wegen der Handyglotzerei will ich mir von niemandem etwas vorschreiben oder ein schlechtes Gewissen einreden lassen. Früher gab's das zwar alles nicht, aber damals war's zwischendurch auch scheiße. Ich kann mich noch an Zeiten erinnern, da lief bei uns daheim mindestens drei Stunden am Tag der Fernseher und wer jetzt empört „Oh mein Gott, wie asi!" rufen möchte, sollte wissen, dass der Deutsche noch immer im Schnitt ca. 230 Minuten vor der Glotze sitzt.[1] Daher alle asi.

{1} https://de.statista.com/statistik/daten/studie/2913/umfrage/fernsehkonsum-der-deutschen-in-minuten-nach-altersgruppen/

Früher habe ich in der Hoffnung, dass irgendetwas Interessantes kommen könnte, die Röhre ein paar Stunden laufen lassen und dazwischen immer wieder hektisch herumgezappt, um am nächsten Tag dann sagen zu können: Lief nur Schmarrn gestern. Das ist jetzt anders. Da mein Informationsbedarf nach zwei Stunden privatem Internetvergnügen am Tag meist gedeckt ist, gucke ich kaum mehr fern. Darf man das sagen, wenn man beim Fernsehen arbeitet? Eher nicht ... Gut, jetzt ist es schon raus und steht da schon. Dank des weltweiten Netzes komme ich ziemlich schnell an die Inhalte ran, die mich wirklich, wirklich interessieren. Vorzugsweise führt es mich zu Leuten, die mich zum Lachen bringen. Das sind dann so Granaten wie Jim Gaffigan, Chelsea Handler, Grace Helbig oder Amy Poehler. Bei Bedarf könnte ich denen tagelang beim Blödsinnmachen zuschauen. Diese Unterhaltungsperlen wären mir vorm Internet geografisch verwehrt geblieben. Würde ich die Herrschaften nicht kennen, würde ich vielleicht dem Irrglauben nachhängen, Atze Schröder sei der lustigste Mensch der Welt, gäb's ja nüscht anderes. Aber dank moderner Möglichkeiten weiß ich in etwa, was spaßtechnisch so geht.

Mit diesem Internet möchte aber nicht jeder etwas zu tun haben. Ich war vor Jahren mit einer Gruppe von Menschen, die ich über die Krabbelclique meiner Tochter kennengelernt hatte, auf einer Berghütte. Ich kannte nicht alle und das war der Fehler. Auf der Hinreise war ich Ole aufgeliefert. Einem älteren, bierernsten Neo-Hippie. Die Reise war beschwerlich, weil ich das Navi auf meinem Handy nicht benutzen durfte, da er der viel zu starken Meinung war, dass uns das woanders hinführen würde als auf den Berg. Die Amerikaner machen ja immer nur Schabernack mit ihren Satelliten da oben. Er fand sich mit seinem Nokia 5110 total im Recht, ließ keinerlei Debatte zu und fragte nach der Straßenkarte, von denen ich seit 2003 keine mehr gesehen hatte. Wir haben uns verfahren. Als wir irgendwann dank dieser Verkehrsschilder, die's übrigens immer noch gibt, angekommen sind, gab's dann nachts in der Gemeinschaftsunterkunft noch mal Schimpfe, als ich es gewagt hatte, aufm Kindle zu lesen. Ich würde mit der Strahlung die gute Bergluft verpesten. Mitm E-Reader im Flugmodus, ist klar … Ich wollte/konnte ihn nicht darauf hinweisen, dass seine alte Handykeule aus dem letzten Jahrtausend leider die schlimmste Strahlungsquelle von allen war, denn dann hätte er mir vielleicht noch den Kopf abgebissen, so sauer war der auf mich und meine bösen, bösen Devices. Ich muss jetzt nicht erwähnen, dass wir uns wegen unüberwindlicher Differenzen nicht mehr so viel zu sagen hatten. Die Kombination aus Technik-Geek und Zukunftsphobiker war nicht so optimal, gleichzeitig tut er mir auch ein bisschen leid. Ihm machen all diese Gerätschaften tatsächlich Angst. Mit seinen 50 Jahren fühlt er sich schon völlig abgehängt. Geht der Uma Thurman übrigens ähnlich, von der kam mal der Satz: „Ich hasse Technik so sehr, ich kann noch nicht einmal eine CD auf einen iPod laden."[2] Diese Angst vor der Technik hat nicht zwangsläufig etwas mit dem Alter zu tun. Meine Mutter ist mit Ü-70 wesentlich aufgeschlossener für so Kram als der Hippie-Dude aus der Berg-Geschichte. Mama liest gefühlt jeden Tag mindestens einen Wälzer aufm Tablet, ohne dabei schwer heben zu müssen. Sie kann mit einem Finger umblättern, nachts ohne Leselampe lesen und ihre Bibliothek überallhin mitnehmen. Soll heißen: Ihr wird nie fad.

☞ *Vielleicht waren die alten Zeiten vor den Smartphones die gar nicht so guten. Ich habe mich früher in der Bahn auch nie mit fremden Leuten unterhalten, weil ich schon immer die Kontaktfreudigkeit eines Murmeltiers hatte. Jetzt kann ich die unangenehme Stille und beklemmende Nähe erträglicher machen, indem ich meinen Fokus auf irgendein Youtube-Video lenke, denn so schön ist Welt außerhalb*

{2} http://www.rp-online.de/panorama/leute/die-lustigsten-und-duemmsten-promi-sprueche-bid-1.1944007

des Displays nicht, wenn ich mit der S-Bahn von München-Untermenzing in Richtung Hauptbahnhof fahre. Daher bitte den Kulturpessimismus beiseiteschieben und die „Generation Kopf unten" in Ruhe auf ihr Handy gucken lassen, die wäre ohne ihre Devices vielleicht völlig überfordert mit der Realität.

Ich habe das Gefühl, dass viele von uns verklärte Erinnerungen an früher haben. Als Kind der späten 70er war bei mir schon nichts mehr mit Fröschefangen und Auf-Bäume-Klettern. Stattdessen habe ich Farbfernsehen geguckt, ohne Fernbedienung: Colt Seavers, Pumuckl, ALF, Michael Knight, Papa Schlumpf und Roseanne. Ja, wir waren wirklich eine tolle Clique früher. Der kleine Mensch brauchte damals schon Zerstreuung, wollte sein Hirn irgendwo abgeben. Ich habe dieses Laster für Unterhaltungsmedien schon immer in mir getragen. Mit acht war's das nervige Vtech-Telespiel, dann der Gameboy, die Glotze, später der Laptop und jetzt mein iPhone. Nichts dazugelernt.

Ich kann mit meinem Smartphone Nachrichten verschicken, meinen Zyklus bis 2025 berechnen, mich in fremden Städten schnell zurechtfinden, Arzttermine vereinbaren, österreichisches Lieblingsradio hören, Bilder machen, die nächstbeste Kneipe finden, jede Musik hören, jeden Film sehen und jedes Buch lesen, das mir gerade spontan in den Sinn kommt, und obendrein sogar noch telefonieren. Na, wenn das alles nichts ist?! Trotzdem haben Smartphones und die Technologien drum herum einen miesen Ruf. Kulturpessimismus gab's aber schon vorm D-Netz.

Beispielsweise war Platon früher sehr schlecht auf diese Sache namens „Schrift" zu sprechen. Seiner Ansicht nach wäre es schlauer gewesen, sich die Themen verbal auszuschnapsen. So sagte er, dass Schüler, die lesen, statt mit Gelehrten zu sprechen, „Dünkelweise" und nicht Weise werden.[3] Jetzt hat aber nicht jeder einen antiken

---

{3} Platon: Phaidros. In: Platon: Sämtliche Dialoge. Band 2, Hamburg 1993, S. 103

Griechen in der Nachbarschaft, mit dem er philosophieren kann, daher sind wir mal froh, dass die Schrift sich durchsetzen konnte, sonst würden wir alle ganz schön doof aus der Wäsche gucken.

Sei es die Schrift, der Buchdruck, das Telefon oder der Rundfunk – schon immer gab's welche, die haben sich quergestellt. Im Gründungsjahr des Fernsehens, als es gerade einmal zwei Stunden lang abends Programm gab, warnten die Kritiker bereits vor der Bilderflut, der Übersättigung und vor der Gefahr der Verdummung durch die Mattscheibe. Auch das Thema der „Veränderung der Sinne und Nerven" und die befürchtete „Reizüberflutung" sowie die „kollektive Einsamkeit" waren damals schon im Gespräch. Man hatte außer Frage nicht ganz Unrecht damit.[4] Es gibt viele Dinge, die aus dem Ruder laufen. Mit neuen Technologien gibt's auch neue Probleme wie beispielsweise neue Formen der Abhängigkeiten, Gefahren im Straßenverkehr durch Ablenkung, Verrohung der Umgangsformen im Web 2.0, wo nun jeder mitreden darf, wie er will, und, und, und. Für all diese Dinge brauchen wir mehr Lösungen als die, die wir momentan an der Hand haben. Vorschläge, wie man dahingehend die Welt verbessern kann, bitte an mich schicken, wäre gerne dabei, wenn ich nur wüsste, wie's geht.

 Bei der Diskussion darf man den positiven Gestaltungsraum dennoch nicht außer Acht lassen und der ist enorm. So sehr ich auf die sozialen Netzwerke schimpfe, so sehr mag ich sie auch.

Ich hab da schon tolle Freunde gewonnen, Jobs darüber bekommen und einiges dazulernen können. Ich bin vernetzt mit Leuten, die ich spannend finde, zum Beispiel mit einer Bekannten, die als alleinerziehende Mutter mit ihrem kleinen Kind gerade eine Weltreise macht und darüber schreibt, oder mit dem zurückhaltenden WDR-Kollegen, der sich online als absolutes Comedy-Genie ent-

{4} http://www.deutschlandfunk.de/die-anfaenge-von-radio-und-fernsehen-in-deutschland.700.de.html?dram:article_id=82714

puppt und dort die Möglichkeit findet, seinen lustigen Wahnsinn unters Volk zu bringen – mit seinen Postings bringt er mich täglich zum Lachen. Oder die Minimalismus-Bloggerin, die mich alle paar Tage mit großartigen Tipps versorgt. Für solche Sachen liebe ich das Netz und das ist auch der Grund, warum es mich da immer wieder reinzieht. Man sollte das Gute daher vom Bösen trennen und gegen das Böse eine Lösung finden. Wie heißt es so schön: Ein Smartphone ist immer nur so smart wie sein Nutzer.

BEZIEHUNGSSTATUS: FREIWILLIG SINGLE

✖✖✖

Superwoman: Single.
Batwoman: Single.
Wonderwoman: Single.
Macht euch da mal Gedanken drüber!

Bei mir gab's immer wieder Phasen, da wollte ich Single sein, gefolgt von Phasen, da fand sich keiner, der kompatibel war. Letztere Phase war immer die blödere. Auf den ersten Blick wirken einige Menschen zwar kompatibel, weil jeder seine Macken am Anfang gut kaschieren kann. Es dauert so seine Zeit, bis man das volle Spektrum eines Menschen klar und deutlich zu sehen bekommt. Wenn das dann sichtbar ist, stellt sich die Frage, wie kompatibel die beiden Nasen sind. Je komplizierter die Menschen, um so schweriger das Matching. Unter komplizierten Menschen verstehe ich beispielsweise ein Sensibelchen mit dem Nervenkostüm eines Eichhörnchens, das ein inneres Faultier mit freakigen Charakterzügen hat und sich in Extremsituationen in einen Hulk verwandelt – also mich.

An adretten Junggesellen hätte es in meinem Umfeld nicht gefehlt. München ist die Singlehauptstadt in Deutschland. Jeder Zweite lebt hier laut Statistischem Bundesamt in seiner Wohnung allein. Da sollte es eigentlich gar nicht so schwer sein, jemanden zu finden. Genau das Gegenteil ist aber der Fall, denn das Überangebot erschwert zwar nicht das Finden, aber das Binden. Ich habe das immer wieder beobachten und am eigenen Leib erleben können, wie Leute sich aufgrund des breiten Singlesortiments sofort aus dem Staub gemacht haben, wenn es die ersten Problemchen gab, weil ja ums Eck schon wieder der oder die Nächstbeste wartet, und so rennt man jahrelang um den Häuserblock. Ähnlich verhält es sich mit dem Überangebot auf Tinder und Co. In manchen Münchner Lokalitäten findet man dann Männer und Frauen mittleren Alters, die für ihr Tage wahnsinnig gut in Schuss sind, aber noch immer um den Block rennen. Das Blockrennen fand ich irgendwann etwas traurig, weil es natürlich mit Enttäuschungen verbunden ist. Man verliebt sich und muss nach einiger Zeit erkennen, dass das Matching nicht gut gehen wird und alle Hoffnungen zerbröseln, das heißt, zwei Wochen leiden wie ein Profi und dann wieder aufs Pferd springen.

Mit Anfang/Mitte 30 wollte ich mir das nicht mehr antun, war desillusioniert und hatte mich deshalb vorm grundsoliden Bayern darauf eingestellt, dass ich fortan allein leben werde. Manch einer mag den Entschluss in diesem Alter belächelt haben, mir war's aber ernst, deswegen habe ich mir eine superhübsche Singlebude zugelegt, die wirklich nur Platz für mich und meine Bierdeckelsammlung bot und mein Leben mit Auslandsaufenthalten verplant. Ich weiß nicht, wie lange ich mich damit gut gefühlt hätte, ich war aber entschlossen, dass es so bleiben wird. Mitleid hätte mich an dieser Stelle tierisch genervt, denn manchmal sind Partnerschaften viel bemitleidenswerter. Es kennt doch jeder so Eheleute, die sich untereinander einig sind, dass der andere ein Riesendepp ist, die aber trotzdem zusammenbleiben, weil sie nicht allein sein wollen. Und dann lässt sich ein Drittel von all den Verheirateten noch scheiden. Natürlich gibt's auch glückliche Eheleute, möchte ich gar nicht bestreiten, aber in der Überzahl sind diese Menschen nicht.

In der Stadt lässt es sich als Single aber gut aushalten. Man findet schneller Gleichgesinnte und kann sich seine Familie selbst zusammenstellen, die Verbindlichkeit ist allerdings eine andere. Zudem wird einem in der Stadt nie richtig fad, irgendeinen Yogakurs, Kinofilm oder eine Ausstellung gibt's immer, in die man auch allein gehen kann. Unternehmungen, die ich nun als Ehefrau und Mutter in einem Reihenhaus im Outback nicht mehr so oft mache, dafür andere Sachen. Geändert hat sich damals mein Beziehungsstatus nur, weil der grundsolide Bayer ganz anders war als das, was ich davor so kennengelernt habe. Wäre ich ihm nicht begegnet, würde ich vielleicht noch immer in meiner hübschen Singlewohnung leben. Nur jetzt mit einem Videobeamer.

Wie wäre es mir dann damit gegangen? Wenn man der amerikanische Psychologin Dr. Bella DePaulo Glauben schenkt, gar nicht so schlecht. Sie sagt, dass Singles meist aufgeschlossener sind, mehr an sich arbeiten und Beziehungen zu Freunden und Eltern besser pflegen als Verheiratete. Außerdem sind Singles in vielerlei Dinge geschickter, weil sie beispielsweise den Ikea-Pax allein aufbauen und zudem den Haushalt schmeißen müssen. Es gibt zahlreiche Studien, die zu dem Ergebnis gekommen sind, dass lebenslange Singles sich wohler fühlen, gesünder und widerstandsfähiger sind als Verheiratete.[1] Eine davon lieferte Dr. Randa Kutob von der Universität Arizona. Sie hat sich den Gesundheitszustand zigtausender Damen über die Jahre angeschaut. Wissenschaftliche Tatsache: Verheiratete lassen sich nach der Eheschließung eher gehen. Kön-

---

{1} https://www.psychologytoday.com/blog/living-single/201608/17-things-no-one-ever-told-you-about-single-people

nen mein Unterwäscheschrank und mein Wohlstandsbauch bestätigen. Laut den Erkenntnissen von Dr. Randa Kutob haben Frauen nach der Eheschließung eher zugenommen als Singlefrauen.

Fun Fact, der auch dabei rauskam, war, dass verheiratete Frauen mehr saufen. Kann ich jetzt so nicht bestätigen, weil ich früher wilder war, bin aber in diesem Fall gerne gewillt, mich der Gruppe anzupassen. Außerdem stieg der Blutdruck bei den Verheirateten an. Bei geschiedenen Frauen konnte sie feststellen, dass der Body-Mass-Index zurückging. Diese Damen wurden nach der Scheidung um die Hüfte rum schmaler, haben sich gesünder ernährt und mehr Sport gemacht. Allerdings haben Geschiedene eher zu rauchen angefangen.[2]

Zusammenfassend sagt Frau Dokta Dokta Mairhofer also: Heiraten macht dick, sich scheiden lassen dünn. Die einen saufen mehr, die anderen rauchen mehr und bemitleidet sollte keiner werden, weil: alles gut.

 Ich mach mir, wie es sich für eine Ehefrau gehört, erst mal ein Helles auf. Pilates kann mich außerdem mal und das Faultier so: „That's the Spirit!"

{2} https://uanews.arizona.edu/story/marital-status-may-impact-womens-health

DA IST DOCH WAS IM BUSCH?!

✖✖✖

„Döb döb döb da da döb döb döb!"
– H. P. Baxxter von Scooter

Ich gehe stark davon aus, dass Haare irgendetwas Schlimmes verbrochen haben, da man so hart gegen sie vorgeht. Und weil's bestimmt Gründe dafür gibt, schließe ich mich den Gegnern an und sage: weg mit denen! Damit mein ich übrigens nicht die Haare aufm Kopf, die dürfen bleiben, das sind gute Haare, aber die restlichen, ihr wisst schon, wo überall ... Pfui Deifl! Zu viel Natur, das kann und darf nicht sein! Wo kämen wir denn da hin, wenn Körperhaare einfach so wachsen würden? Wenn sich die auch nur einen Millimeter raustrauen, dann können die was erleben! Habt ihr Gladiator gesehen? Dann wisst ihr Bescheid! Da kennt man keine Schmerzen. Die werden gerupft, gelasert, abrasiert und gewaxt. Von mir aus alles gleichzeitig. Und wenn man es nicht schafft, sie rechtzeitig zu eliminieren, dann ist der nächste Saunabesuch gestrichen. Schämen muss man sich dann. Ey, ich hab sooo einen

Hals auf Körperhaare, diese Schamhaare sind übrigens die schlimmsten! Scherzerl, LOL, voll nicht ernst gemeint!

Aber habt ihr euch auch schon mal gefragt, warum Haare so in Ungnade gefallen sind? Warum wir alle so viel Zeit damit verdaddeln und Schmerzen in Kauf nehmen, um sie aus dem Weg zu räumen? Wie ihr von den Badeurlauben mit euren Eltern wisst, gab's mal eine Zeit, da durften Haare Haare sein. Sie quollen aus allen Nähten des Badeanzugs raus und keiner nahm Notiz davon. Der guten alten Zeiten zuliebe habe ich's vor ein paar Jahren auch mal so ähnlich gehandhabt und meine Haare einfach mal in Ruhe wachsen lassen. Meinem Moderationskollegen sind fast die Augen rausgefallen, als er meine Achselhaare zum ersten Mal erblickt hat. So etwas hatte er vorher wohl noch nie gesehen. Schockstarre, als hätte ich vor seinen Augen in alter Ozzy-Osbourne-Manier einer Fledermaus den Kopf abgebissen.

Gerade jüngere Menschen mögen's nackig. Die Universität Leipzig hat sich der haarigen Angelegenheit angenommen und kam in einer Studie zu dem Ergebnis, dass sich etwa 90 Prozent der Damen zwischen 18 und 25 Jahren die Schamhaare ganz oder teilweise entfernen. Bei den Jungs sind's etwa 70 Prozent.[1] Man möchte ja meinen, dass dieser Trend der kompletten Haarelimininierung untenrum seinen historischen Ursprung in der amerikanischen Pornoindustrie Ende des letzten Jahrtausends hatte, aber den Schmarrn haben sich die alten Ägypter schon ein paar Jahre vorher ausgedacht, die Römer und die Griechen haben dann doof mitgezogen. Auch bei denen galten Schamhaare als unzivilisiert und man hat sie mit einer Kerze weggebrannt. Autsch!

In den Epochen danach durften Haare aber mehr oder weniger wieder Haare sein. Zwar waren sie in der Aktmalerei und Bildhauerei so gut wie unauffindbar, aber die Modelle werden wohl trotzdem welche gehabt haben. Francisco de Goya war 1803 einer der

{1} http://sz-magazin.sueddeutsche.de/texte/anzeigen/41181/1/1

ersten bekannten westlichen Künstler, der sich traute, einen Flaum zu malen. Sein Bild „Nackte Maya" war ein Riesenaufreger und kostete de Goya den Titel des spanischen Hofmalers.[2] 100 Jahre später wollte es ein Maler in Wien namens Egon Schiele ganz genau haben mit der Scham und bescherte uns Bilder, die bis heute verwirren und die man tagelang nicht mehr aus dem Kopf bekommt. Bis in die frühen 80er geben schmutzige Filmchen Zeugnis davon, dass auch da Körperbehaarung noch salonfähig war. Nicht dass ich so etwas je gesehen hätte, sag ja nur. Dank des Geschäftssinns von sieben brasilianischen Schwestern, den J. Sisters, friert die Mumu aber wieder. Die Südamerikanerinnen haben 1987 in Manhattan ein Waxing-Studio eröffnet und schnell ihre einflussreiche Klientel davon überzeugen können, dass Haare im Schritt nix zu suchen haben. Obrigado fürs Brazilian Waxing, blöde J. Schwestern. Die Pornoindustrie zog nach, weil Haare beim intensiven Knick-Knack in Hardcorepornos anscheinend gewetzt haben. „Sex and the City" brachte Brazilian Waxing dann noch in die entlegensten Teile der Welt, sogar bis nach Niederbayern. Jetzt hamma den Salat oder eben keinen mehr.

Vom Hygienestandpunkt aus gäbe es allerdings mehr Argumente für den Schampelz. Die Haare schützen die Genitalien vor Infektionen. Sexuell übertragbare Krankheiten werden mit Schamhaaren weniger unters Volk gebracht, da es zu weniger Hautkontakt kommt. Stichwort: Genitalherpes. Außerdem können Intimrasuren zu Hyperpigmentierung führen oder Entzündungen der Haarfollikel hervorrufen. Viele Frauen haben aufgrund der Haarentfernung oft eingewachsene Haare oder kleine Schnitte, durch die Bakterien und Viren schneller in den Körper eindringen können. Nicht gut. Einziges Pro-Argument für den Kahlschlag: Filzläuse werden obdachlos. Aber wie oft hat man die schon?

---

[2] http://derstandard.at/2000038327915/Francisco-de-Goya-Ein-Schrecken-welcher-der-Realitaet-entsteigt

Wer gibt uns die verlorene Zeit zurück, die wir mit der Haarentfernung verschenkt haben? Niemand.

Dass rasieren/waxen/lasern wenig Sinn macht – dieser Erkenntnis sind wir nun hoffentlich einen Schritt näher. Zusätzlich stellt sich mir noch folgende Frage: Wer gibt uns die verlorene Zeit zurück, die wir mit der Haarentfernung verschenkt haben? Niemand. Einer britischen Umfrage zufolge widmet eine Frau im Schnitt 72 Tage ihrer wertvollen Lebensspanne dem Rasieren ihrer Beine. Am meisten Zeit geht aber mit dem Stylen der noch übrigen Haare aufm Kopf drauf, da sind wir bei 294 Tage auf ein Leben gerechnet. In Summe gehen insgesamt 578 unserer Tage flöten mit Augenbrauenzupfen, Haarestylen, Färben und Rasieren, Nägellackieren und so weiter.[3] Dinge, die viele Männer nicht machen. Und warum machen sie das nicht? Weil sie's nicht machen.

Tun wir uns das alles an, weil wir das so wollen oder weil es uns so aufgebrummt wurde? Ich möchte mich nicht gehorsam rupfen lassen, nur weil's Gina und Dolly in ihren anstößigen Kurzfilmchen auch so gehandhabt haben und weil ich mir einreden lasse, irgendwas sei deshalb auf einmal unästhetisch daran. Da werde ich bockig. Dann erst recht nicht. Schluss mit dem Kahlschlag. Weil dieses Entfernen der Haare nur ein Trend ist, möchte ich den genauso an mir vorbeiziehen lassen, wie Ed-Hardy-T-Shirts, ballonseidene Jogginganzüge und Buffalo Boots. Wenn Schamhaare zurückkommen, was durchaus passieren kann, dann möchte ich keine der gelaserten Damen jammern hören. So wie damals in den 90ern, als jedes weibliche Wesen meinte, Augenbrauen hätten irgendwas verbrochen und gehörten gezupft und gerupft. Dann war auf einmal Cara Delevingne mit ihrem Theo-Waigel-Look das neue Schönheitsideal. Wo waren die Brauen der Ü-35-Jährigen da? Weg! Aufm Weg zur Loveparade 1999 das letzte Mal gezupft und seither nicht mehr nachgewachsen.

---

[3] http://fashion.telegraph.co.uk/beauty/news-features/TMG9986761/Women-spend-72-days-of-their-lives-shaving-legs.html

Ich mag gerne der Mensch sein, der ich bin, und aus diesem Menschen wachsen Haare raus. Überall. Ich hau in diesem Zusammenhang auch gerne das italienische Sprichwort raus: „Donna barbuta, sempre piaciuta!" Dr. Google würde es so übersetzen: „Bärtige Dame, immer gemocht!" Da steckt so viel Weisheit dahinter, denn was wäre die anbetungswürdige Conchita Wurst ohne Bart? Richtig, Sarah Lombardi. Haare haben einen Auftrag, von dem ich sie nicht abhalten möchte.

So, jetzt wisst ihr, was im Schritt bei mir so los ist, und ich entlasse euch jetzt aus dem Kapitel mit einem Quäntchen an zu viel Information über meine Person.

NICHT IMMER ALLES GUT ...

✗✗✗

A: „Scheiße!"
B: „Du musst positiv denken."
A: „Schöne Scheiße!"

Ihr braucht mich gar nicht auslachen. Ja, ich schreibe noch Tagebuch. Ja, das sind die Bücher, die ein Schloss davor haben. Ich mache das mit dem Kuli in der Hand, krass analog. Wie der Badass-Rapper Scarface immer so schön rhymt: „I Got This Killa Up Inside Of Me/I Can't Talk To My Mother So I Talk To My Diary." Tagebuch schreiben ist daher voll Gangsta. Eine Frage, die ich mir in meinen Tagebucheinträgen als Einstieg immer gerne stelle: „Wie geht's mir?" Ich weiß, superbanal. Diese Frage kann ich nicht immer mit „geil" beantworten. Ehrlicherweise muss ich da manchmal „geht so" hin schreiben, weil das Leben nun mal nicht immer super ist und ich mein liebes Tagebuch niemals anlügen würde. Wäre ja auch irgendwie seltsam und euch möchte ich genauso wenig anlügen.

Ich bin weder depressiv noch pessimistisch, soweit ich das beurteilen kann, nur kann ich nicht immer alles gut finden. Diese Küchenphilosophen rund ums positive Denken wollen aber von mir, dass ich alles gut finde und allem einen tieferen Sinn gebe. Die große Liebe hat mich stehen lassen: klasse! Der Job wurde wegrationalisiert: geil! Ein Familienmitglied wurde krank: Ich konnte so viel daraus lernen! Vieles ergibt in meinen Augen keinen Sinn und nicht jeder Schicksalsschlag macht mich stärker. Manch einer vielleicht schon, andere aber schwächen mich. Manchmal fühle ich mich wie ein gerupftes Huhn und das darf auch so sein. Mensch sein heißt für mich unter anderem auch leiden. Nicht nur, aber auch. Wenn ich das nicht will, muss ich aufhören, Mensch zu sein, und das ist die schlechteste Option von allen. Schlechte Gefühle brauchen genauso Platz wie die guten. Vom ständigen Blöd-Grinsen und Alles-dufte-Finden wurden noch keine Probleme gelöst und letzten Endes geht's keinem damit wirklich besser.

Ich lasse mir ungern vorschreiben, wie ich mich zu fühlen habe. Funktioniert auch nicht. Aber genau das wollen die Ratgeber zum positiven Denken mit uns machen. Mission impossible. Auf Befehl gut drauf zu sein, schlägt bei mir leider schnell ins Gegenteil um. Es gibt genügend Studien, die zeigen, wie toxisch positives Denken sein kann. Gefühle wollen raus, auch wenn sie nicht immer „Yippie-Ya-Yeah" sind. Scott Lilienfeld, Psychologie-Professor an der Emory-Universität in Atlanta warnt davor: „Der Zwang zum positiven Denken kann beispielsweise für Opfer von Traumata schädlich sein."[1] Wenn man negative Gefühle wie Furcht, Wut oder Trauer unterdrückt, erfordert das viel Kraft, die hintenraus wieder fehlt. Wer soll denn nach so viel Unterdrückungsarbeit noch die Muße haben, am Abend Zumba zu machen?

Negative Gefühle haben zu Unrecht so einen miesen Ruf. Wenn man mit ihnen halbwegs gut umgehen kann, können sie Wegwei-

---

{1} http://www.zeit.de/zeit-wissen/2011/01/Denk-nicht-positiv

Negative Gefühle haben zu Unrecht so einen miesen Ruf, wenn man mit ihnen halbwegs gut umgehen kann, können sie Wegweiser sein.

ser sein. Wut zum Beispiel ist gar nicht so deppert, sie kann als Antrieb dienen. „Dem zeig ich's aber!", „Wer zuletzt lacht, lacht am besten!", „Das wird denen noch leidtun!" – alles besser als ein „Muss ja keiner mitkriegen, dass ich sauer bin und die Hosen voll habe". Gerade Frauen wollen mit ihrer Wut nix zu tun haben, weil sie nach wie vor besser ankommen, wenn sie keinen Ärger machen und die Haare schön haben.

Nur Frage: Was ist denn so falsch an der Realität? Hm, lasst mich überlegen ... Nix! Wenn ich der nämlich ins Auge blicke, komme ich besser klar. Ich möchte niemanden runterziehen, aber das Worst-Case-Szenario sollte man bei einigen Vorhaben immer bedenken, damit man gerüstet ist, wenn's mal danebengeht. Sprich, Ladekabel fürs Handy immer mitnehmen.

Sind wir ehrlich miteinander in dieser netten Runde, manche Dinge sind megascheiße, die kann man einfach nicht schönreden und die würden davon auch nicht weggehen. Unterdrückte Gefühle wollen immer wieder nach oben, wie ein Ball, den man unter die Wasseroberfläche presst. Die Plackerei mit dem Unterdrücken kann man sich sparen, denn irgendwas kommt von den Gefühlen immer hoch.

Passiv-aggressive Menschen zum Beispiel kennt wohl jeder, die haben meist einen dicken Hals auf irgendwas, platzieren ihre Wut aber nie dort, wo sie hingehört. Lieber horten sie die Wut, tragen sie mit sich rum und vergiften damit ihre Umwelt, tun aber so, als wäre alles roger. Von wegen! Solche Menschen geben einem latent das Gefühl, etwas falsch gemacht zu haben. Man weiß nie, wo die Wut herkommt, kann nur raten. Trotz meines fein kalibrierten Bullshit-Detektors habe ich in meinem Leben sehr viel Energie bei dem einen oder anderen damit verdaddelt, herauszufinden, wo das Problem liegt. Die rücken aber nie raus mit der Wahrheit, daher ist das Suchen nach Ursachen eine einzige Kaffeesatzleserei. Mittlerweile mach ich einfach einen Bogen drum, weil man aus ihnen nicht schlau wird.

 Mir ist es lieber, jemand knallt die ungemütlichen Fakten auf den Tisch, dann kann man noch immer entscheiden, ob man sich den Schuh anziehen will, sich vielleicht entschuldigen möchte oder die Probleme beim anderen lassen will.

Daher raus damit und Schluss mit Grinsen, wenn's nix zu grinsen gibt. Diese vielen Selbstoptimierungsansätze wie positiv denken usw. haben bei mir immer wieder in eine Sackgasse geführt. Die Ergebnisse der Optimierung waren erbärmlich. Mein liebes Tagebuch kriegt seit 20 Jahren die gleiche Leier zu hören. Ich erzähle ihm immer wieder, dass ich demnächst fokussierter und fleißiger sein und meine Haare besser pflegen werde. Ab morgen wird der Stier bei den Hörnern gepackt! Aber seit 1997 hat das Schwein Freigang.

Das schlechte Gewissen wurde über die Jahre immer größer, weil ich meine Ziele nicht erreichen konnte. Was stand mir denn da immer im Weg? Nix, außer der mangelnden Einsicht, dass alles so sein darf, wie es ist, und ich auch okay bin, so wie ich bin. Schön wäre das, wenn wir weniger an uns rumschrauben würden, und stattdessen versuchen würden, uns so zu akzeptieren, wie wir sind! Ich weiß, sauschwer. Dann hätten wir kein Problem damit, dass wir normal aussehen, einen stattlichen Body-Mass-Index haben und dass dieser Zustand auch so bliebe. Wir würden einsehen, dass wir nicht alles perfekt können, und würden aufhören, uns zu vergleichen. Aber nein, wir kämpfen gegen uns selbst und die anderen auf einen Idealzustand hin, den keiner erreichen kann.

Soll aber auch nicht heißen, dass man den ganzen Tag den Finger in die Nase steckt und nix mehr macht, das macht auch nicht glücklich. Manche Dinge, die uns auf lange Sicht tatsächlich glücklich machen, sind zwischendurch nicht so schön und harte Arbeit. Eine Ehe führen, ein Kind großziehen, etwas Sinnvolles lernen, Häuser bauen. Wenn ich immer nur das schnelle Vergnügen suche, muss ich mein Leben mit Hotdog und Cola im Bällebad verbringen.

Wie jeder Mensch im paarungsfähigen Alter weiß, fühlen sich Beziehungen manchmal nicht so gut an und sind streckenweise mit viel Arbeit verbunden. Ich kenne niemanden, der es knatschfrei über einen längeren Zeitraum mit seinem Partner aushält. Es erfordert Mut und Durchhaltevermögen, wenn man gemeinsam alt werden will, und manchmal auch Scheuklappen, denn nicht alles ist toll am Partner und man selbst erst recht nicht. Bei mir und meinem grundsoliden Bayern fliegen auch ab und zu die Fetzen, da wir zwei riesige Dickschädel aufhaben. Und machen wir uns nix vor, die Fetzen fliegen überall. Nur können das manche Paare besser verstecken. Das heißt allerdings noch lange nicht, dass irgendetwas schlecht sein muss. Wenn trotz alledem das Gute überwiegt, dann Tränchen abtrocknen und abends auf dem Sofa wieder weiterkuscheln.

„Do more of what makes you happy" ist auch so ein Optimisten-Slogan, den ich in letzter Zeit öfter in meinem Pinterest-Feed, auf Kaffeetassen und Postkarten gelesen habe. Wenn sich alle dranhalten würden, hätten wir aber ein Problem mit der Müllentsorgung, weil keiner mehr fürs Wegbringen zuständig wäre. Im Krankenhaus würde sich auch keiner mehr finden, der die Darmspiegelungen macht, und wer übernimmt dann noch bei Aldi die Kassenschicht? Also ein bisschen Augen zu und durch muss jeder machen und das tut auch allen gut. Wir können nicht alle Welpenstreichler, Kaffeehaussitzer und Profi-Instagram-Gucker werden, weil wir damit der Menschheit wenig nützen. Fazit: Auch wenn manche Dinge erst mal nicht so gut sind, darf das so sein, und wenn die Zeit reif ist, wird's irgendwann mal wieder besser. Da bin ich ganz optimistisch.

KARRIERE NACH DEM PANTOFFELTIERCHEN-PRINZIP

✖✖✖

*Je größer der Dachschaden,
desto besser die Aussicht.*

Im Job kann nicht immer alles gut sein, weil da viele Vögel mit unterschiedlichen Vorstellungen aufeinandertreffen, die alle Sachen voneinander erledigt haben wollen, und zwar pronto. Jeder meint, seine Aufgabe hätte höchste Priorität, und da liegt der Hund begraben. Das Eichhörnchen in mir kriegt bei zu viel „wichtig, wichtig" Schaum vorm Mund. Bei vielen meiner Jobs in der Unterhaltungsbranche hätte ich gerne ein Megafon in die Hand genommen und reingeschrien: „Herrschaften, herhören! Nicht so wichtig nehmen! Weitermachen!" Sorry Kollegenschaft, aber gibt's denn etwas Unwichtigeres als uns? Keiner von uns muss eine schwere Herztransplantation meistern, wird die Welt verändern oder erfindet ein Mittel gegen Krebs. Viele tun aber so, als würde es um Leben und Tod gehen. Die schlechte Nachricht für all jene: Wir werden nicht in die

Geschichte eingehen. Die gute Nachricht: Wir werden nicht in die Geschichte eingehen. Daher entspannen, Partytröten rausholen und Spaß haben am gemeinsamen Voranbringen von Dingen.

Geht zum Beispiel ganz gut bei der Kindersendung, die ich seit zwölf Jahren mache, der „Sendung mit dem Elefanten". Wir sind streckenweise bei der Arbeit krass doof und sehr infantil, nicht nur vor der Kamera. Mein Elefanten-Kollege André hat mich schon 100.000 Mal zum Lachen gebracht hat. Wie ich finde, sieht man der Sendung diese Leichtigkeit auch an. Die Kinder mögen es so und wir auch.

Es ist wesentlich effizienter, wenn die Leute mit etwas Freude an die Sache rangehen, anstatt die Hosen voll zu haben, weil der Chef im nächsten Moment wieder ausrasten könnte. Solche Aggro-Alphatierchen gibt's leider immer noch. Schön blöd, denn Angst, Schrecken und Panik waren noch nie gute Motivatoren. An dieser Stelle möchte ich den einstigen Vorstandschef der Lehman Brothers Richard „Dick" Severin Fuld Jr. zitieren: „Ich werde ihnen die Herzen herausreißen und sie aufessen, noch bevor sie Zeit hatten zu sterben."[1] Ich glaube, jeder hat mitgekriegt, was aus seiner Klitsche geworden ist, und da sind wir uns wahrscheinlich auch einig: ein Riesena..."!%/($§"$%. Mit diesem A..."!%/($§"$% sitzt er auf einem Privatvermögen von 100 Millionen Dollar. Und das sind Peanuts im Vergleich dazu, was er früher hatte, bevor er mit seinen Jungs die Weltwirtschaft an die Wand gefahren hat. Da war die Geldbörse eine Milliarde Dollar schwer.[2] Wie viele Nullen das sind, weiß ich jetzt auch nicht. Egal. Checkt das mal aus. Ihr seht jedenfalls, man muss kein Ned Flanders sein, um nach ganz oben zu kommen. Jede dritte Chefin/jeder dritte Chef ist dem Doof ihre/sein autoritäre/-r Tochter/Sohn. Auch wenn sie/er nur den Fischsemmelstand aufm Oktoberfest innehat, so geht's bei ihr/ihm um Leben und Tod bzw. Matjes und Hering. Geführt wird nach der Vorschlaghammermethode.

{1} http://www.handelsblatt.com/my/unternehmen/management/empathie-im-management-wettbewerb-mit-herz-und-hirn/11429136.html?share=direct
{2} https://www.bloomberg.com/news/articles/2013-09-12/where-is-dick-fuld-now-finding-lehman-brothers-last-ceo

Gefühle und Empathie gehen gar nicht, die könnten nämlich das Business versauen.

Wer sagt eigentlich, wie man sich am Arbeitsplatz zu verhalten hat und warum da keine Gefühle im Spiel sein dürfen? Aber machen wir uns nix vor, wer im Meeting flennt, tut sich und seiner Karriere keinen Gefallen, außer es ist eh schon wurscht wie bei Herrn Copy-and-paste zu Guttenberg. Der war nicht nur beim Verfassen meiner wissenschaftlichen Arbeiten ein großes Vorbild für mich, auch seinen Abgang hätte ich nicht schöner inszenieren können mit „Smoke On The Water" und ein paar Tränchen im Knopfloch. Aber wehe eine Frau in der Liga hätte das gemacht! Diese Dame hätte eindeutig den Stempel von „Kontrolle verloren" und „gefühlsduselig" gehabt. Im Wahlkampf bei Frau Clinton ging mir das sehr auf den Zeiger, weil sie oft als gefühlskalt deklariert wurde. Ich bin mir sicher, hätte sie mehr Gefühl gezeigt, hätte es Scheißstürme gehagelt. (Mein Verleger sagt, ich soll weniger Anglizismen verwenden, aber Emojis gehen immer.) ♡ ⛧ 👇 ☞ 👊 👍

Obwohl's zum Heulen ist, aber in der Chefetage wird nicht geheult. Das erwartet man von einem durchgeknallten Theaterschauspieler, aber nicht vom Heinz und von der Gerlinde aufm Chefsessel.

Wie der antike Gelehrte Lothar Matthäus einst zu sagen pflegte: „Wir dürfen nicht den Sand in den Kopf stecken"[3], denn zwei von drei Chefs sind integre Typen. Yay! Von manch einem dieser Typen lasse ich mir auch gerne etwas sagen. Bewerft mich bitte nicht mit Tomaten, aber ich habe nichts gegen Hierarchien.

 Meiner Erfahrung nach gibt es in sogenannten flachen Hierarchien viel mehr Ellbogenkämpfe als in den vertikalen, da irgendeiner dann doch immer meint, er müsse den Chef raushängen lassen.

{3} http://www.stuttgarter-nachrichten.de/inhalt.die-elf-lustigsten-fussballsprueche-wir-duerfen-jetzt-nur-nicht-den-sand-in-den-kopf-stecken.96dd01d8-7d9b-4f0c-8aa4-b31889915e38.html

Wenn's klar definiert ist, tut sich die Gruppe leichter und Entscheidungen können schneller gefällt werden. Wenn der, der mehr zu melden hat, dann auch noch mehr draufhat und weiß, wie man das Beste aus dem Rest rausholt, dann macht Hierachie auch Sinn. Aber leider, leider, leider sind die da oben nicht immer die, die mehr draufhaben oder es gut mit einem meinen.

Da ich in Sachen berufliche Selbstvermarktung ein Pantoffeltierchen bin, dachten einige Leute immer wieder, dass man mir dringend die Welt erklären müsse (siehe „Der Erklärbär"). Mit welchem diplomatischen Schachzug habe ich in der Regel auf so etwas reagiert? Beleidigt sein. Ich konnte noch so viel Berufserfahrung und Expertise mitbringen, man wollte mir das nie so wirklich abnehmen. Das lag auch daran, dass ich lange Zeit wesentlich jünger aussah und nicht so oft den großen Zampano habe raushängen lassen. Wenn ich das versucht habe, ging der Schuss meist nach hinten los, denn jeder hat sofort gemerkt, dass ich mich gerade etwas ungelenk selbst feiern möchte. Grundsätzlich kam erschwerend hinzu, dass ich mich selbst nicht immer so ernst genommen habe. In einer heiteren Wirtshausrunde ist das zwar ein klarer Vorteil, aber im Unternehmen ist man damit schnell die Hauptverantwortliche für Kaffee und Kuchen. Die gute Nachricht: Es wird mit den Jahren etwas besser. Die schlechte Nachricht: dann aber auch wieder schlechter. Die Hoffnung: Es könnte irgendwann gut bleiben. Ihr fragt euch jetzt bestimmt: Was will diese Frau mir da erzählen? Das frag ich mich auch.

Mit den Jahren besser geworden ist Folgendes: Mittlerweile verdiene ich seit fast 25 Jahren mein eigenes Geld und habe deshalb auch schon einiges gestempelt, gestemmt und gesehen. Das Problem mit dem Viel-jünger-Aussehen hat sich nun erledigt und so ein bisschen Know-how kann mir in der Mitte meines Lebens nicht mehr so schnell streitig gemacht werden. Auch wenn man

*Die gute Nachricht:
Wir werden nicht in die
Geschichte eingehen.
Daher entspannen,
Partytröten rausholen
und Spaß haben am
gemeinsamen Voranbringen
von Dingen.*

mich nicht immer für voll nimmt, so nehme ich mich immer öfter für voller. Das ist dann in Summe schon mal einer. Außerdem durchschaue ich nun ziemlich schnell, wie viel jemand draufhat, und lasse mich nur mehr von Leuten beeindrucken, die tatsächlich Wow sind. Oma zum Beispiel. Obwohl man mit den Jahren manchmal ein Quäntchen mehr Respekt bekommt, so gibt's genug Branchen, in denen das irgendwann mal wieder kippt und man ab 50 schon zum alten Eisen gehört. Mark Zuckerberg hat leider etwas zu früh zu viel zu melden gehabt, denn im Jahr 2007 sagte der damals 22-Jährige bei einem Vortrag an der Uni Stanford: „Ich möchte betonen, wie wichtig es ist, jung und technisch begabt zu sein. Junge Leute sind einfach smarter."[4] Die Aussage allein zeigt schon, wie krass doof junge Menschen sein können. Da nehme ich mich gar nicht raus. Ich war mit Anfang 20 auch um einiges doofer als heute und hatte zudem das Pech, dass Kameras manche Dummheit aufgenommen haben. Ging den anderen Kollegen aus dem Musikfernsehen genauso. Mehrere haben sich blamiert und mittlerweile machen sich viele Youtube-Stars zum Horst. Vielleicht werde ich das Gleiche über mein heutiges Ich denken, wenn ich mit 60 das Buch schreibe „Scheiß drauf, jetzt ist es auch schon egal". Kann sein, dass ich euch davon erzählen werde, wie sehr ich mich gerade jetzt blamiere. Sogar während ich dieses Buch hier schreibe, musste ich Aussagen neu überdenken, die ich vor ein paar Monaten noch gut fand, weil ich in der kurzen Zeit schon wieder dazugelernt hatte. Sind das mal nicht fabelhafte Aussichten?! Wir werden vielleicht nicht fitter, aber schlauer! Ältere Regierungsoberhäupter, Chefärzte und Stardirigenten haben außerdem das, was der Jugend immer fehlt, und zwar Gelassenheit und, ganz wichtig, ein höheres Qualifikationsniveau. Eat this, Zuckerberg! Du wirst bestimmt auch noch schlauer, ganz sicher.

{4} http://www.computerwoche.de/a/altersdiskriminierung-in-der-it-branche,3324933

Obwohl es diese Altersdiskriminierung in so vielen Branchen gibt, so wird sich in den nächsten Jahren einiges ändern müssen, weil wir wegen des demografischen Wandels alle alt werden und uns ja nicht alle gegenseitig diskriminieren können, das macht keinen Sinn. Die Youngsters sind dann in der Minderheit und wir mit unseren Gehhilfen und Segways auf der Überholspur. So stell ich mir das vor. In der Art.

FAMILIENVERPLANUNG

×××

*Die Ehe ist manchmal,
wie ein Spaziergang im Park.
Im Jurassic Park.*

„Ach jobmäßig läuft es nicht so wirklich, da dachte ich mir, es ist Zeit, eine Familie zu gründen." Jetzt mag sich der eine oder andere über so eine Aussage mokieren, versteh ich, aber erst mal war ich verdutzt über so viel Ehrlichkeit, denn – Achtung, Vorschlaghammer! – einige von uns wären vielleicht nicht da, wenn unsere Eltern schon ein selbstverwirklichtes, erfülltes Leben geführt hätten. Manch einer gründet eine Familie, um nämlich das zu finden, was ihm vorher gefehlt hat: eine sinnvolle Beschäftigung für die nächsten 20 Jahre, das Gefühl, geliebt zu werden, selbst bedingungslos zu lieben, gebraucht zu werden und Menschen um einen rum zu haben. Ich behaupte nicht, dass nur arbeitslose Eremiten, denen fad im Schädel ist, Kinder kriegen, nur sind die Beweggründe für eine Familie wohl selten uneigennützig.

Uns wird schon von klein auf eingehämmert, dass zum persönlichen Glück eine Familie gehört. Das ist jetzt nicht mein ganz eigenes Blabla, dafür sprechen die Zahlen unter anderem von der Shell-Studie. Rund 2.500 Jugendliche zwischen zwölf und 25 wurden befragt. Die Mehrheit mit 43,7 Prozent meinte, dass man Kinder braucht, um wirklich glücklich zu werden. 35,8 Prozent der Youngsters sagten, dass man allein genauso glücklich sein kann, der Rest hatte keinen Bock, soll heißen, ist unentschlossen.[1]

Wenn wir nur mit Kind und Kegel glücklich wären, wäre das ziemlich traurig, denn einige wollen nicht und andere können nicht.

Überall wird uns aber suggeriert, dass Frau einen Mann braucht und Mann eine Frau. In Film, Fernsehen, überall. Jedes Märchen läuft darauf hinaus, dass Prinz und Prinzessin sich finden, und wenn sie nicht gestorben sind, dann leben sie alle noch heute. In „Sex and the City" waren vier Frauen auf der Suche nach Mr. Right. Fast alle haben ihn am Ende gefunden und zum Teil in ihren 40ern auch noch Babys bekommen. Bridget Jones stolperte durch diverse Liebesabenteuer um nach drei Teilen (SPOILER ALERT) von Mark Darcy ein Kind zu bekommen. Das romantische Ideal von der heiligen Familie sollte aber meines Erachtens dringend untersucht werden. Daher lassen Sie mich durch, ich bin kein Arzt.

Der Kreislauf des Lebens ist eng getaktet: Man kommt auf die Welt, zieht aus, sucht sich einen Partner, kriegt ein Kind, zieht es groß, ~~schmeißt es raus,~~ es zieht aus, man wird Oma/Opa und stirbt. So sollte es sein, weil es immer so war. Punkt. Oder eben nicht Punkt. Jeder will in diesem einen Leben glücklich und zufrieden werden. Das steht fest. Manche hätten gerne ein Leben mit vielen Ablegern, der Langhans Rainer ein Leben mit fünf Frauen und ein anderer eine lässige Ein-Mann-WG mit fettem Videobeamer und

{1} http://www.eltern-zeit.de/statistiken-kinderwunsch-kinderlosigkeit/

Dolby Surround. Es gehört jede Menge Mut dazu, einen anderen Weg zu gehen als den traditionellen vorgetrampelten. Denn der Druck von außen ist manchmal enorm. Ich kann ein Lied davon singen. Hier ein paar Lyrics: Eine Familie zu gründen, war für mich keine geplante Entscheidung, sondern eine schöne Überraschung. Dieser grundsolide Bayer, der's jetzt schon einige Jahre mit mir aushält, kam relativ spät in mein Leben, zu einem Zeitpunkt, als die meisten um mich rum schon in Beziehungen und Ehen verräumt waren. Ich hatte mich bereits mit dem Gedanken abgefunden, dass ich: a) schwer vermittelbar bin und b) die Wechseljahre mir einen Strich durch die Rechnung machen werden. Mein Umfeld hatte auch vollstes Vertrauen, dass das nix mehr wird bei mir. Ich kenne diese mitleidigen Blicke von Leuten, die einem so Sachen sagen wie „Ach, vielleicht wird's ja noch was bei dir. Schau dir die Gianna Nannini an, die hat mit 50 noch ein Baby bekommen. Oder die Dings, weißt schon, Leibovitz". Gedacht haben sie sich „Ach du Scheiße, der Zug is abgefahren".

Was aber die wenigsten glauben wollten: Ein Mensch ist mit oder ohne Familie ein ganzer Mensch. Wenn das Ideal der heiligen Familie so hochgehalten wird, warum werden dann Menschen, die alleinerziehend sind, so allein gelassen? Denn es kann leider schnell mal passieren, dass ein Elternteil wegbricht, und die Unterstützung für das, was danach kommt, ist leider dürftig.

Mein Leben wäre ohne Familie bestimmt nicht langweilig geworden. Ich wäre viel herumgekommen, hätte mir in den verschiedensten Ländern Lebensmittelvergiftungen zugezogen, Yoga-Workshops in Indien besucht, auf Bali besser surfen gelernt, hätte vielleicht noch meinen Doktor gemacht oder gekauft, wäre risikofreudiger und hätte meinen Wohnort öfter gewechselt. All so Sachen, die man macht, wenn man verrückt und ungebunden ist. Vielleicht wäre ich irgendwann mal eine schrullige Oma geworden in einer verstaubten Bude voller Bücher, mit einem Theater-Abo und einem Rauhaardackel namens Alfons. Downside: Ich hätte diese famosen Leute, die jetzt meine Familie ausmachen, nie kennengelernt. Aber hätte, hätte, Fahrradkette. Ich bin dankbar, dass mein Leben so verlaufen ist, trotzdem macht es mich supersauer, wenn andere Lebensentwürfe kritisiert werden oder, schlimmer noch, man dafür bemitleidet wird. Sind wir mal ehrlich, jeder Entwurf hat Vor- und Nachteile.

Manche Kinder machen's einem in ihren ersten 50 Lebensjahren nicht leicht. Einige von denen sind das ganze Jahr über rotzig und wenn Hunger, Pipi, müde, kalt aufm Programm stehen, ist Terror angesagt. Ich komm zwar gut damit klar, wenn man mir Speisereste auf den Pulli schmiert, mein Körper sich verformt und mir jemand um 3:00 Uhr morgens versehentlich einen Fuß ins Gesicht schlägt. Andere mögen solche Sachen jedoch gar nicht. Ich bin gerne Mutter, da mache ich niemandem etwas vor. Ohne Frage bin ich aber auch mit einem sehr umgänglichen Kind gesegnet, das macht vieles einfacher. Meine Tochter findet sich schon gut in ihrer kleinen Welt zurecht. Es erfüllt mich mit Stolz zu sehen, dass sie ihre Grenzen jetzt schon setzen kann. Auch mir gegenüber. Sie muss nicht alles annehmen, was ich ihr sage, da ich das bei meinen Eltern auch nicht gemacht habe. Wir würden uns noch mit Keulen die Köppe einschlagen, wenn keiner von uns seine Eltern hinterfragt hätte. Natürlich liegt die wirklich spannende Zeit noch vor uns, was das Hinterfragen angeht: die Pubertät (Titelmusik vom „Weißen Hai" darunterlegen). Aber wir schaffen das, weil ganz viel Liebe im Haus ist. Es gibt aber wie bereits erwähnt noch ganz andere Kinder (Titelmusik vom „Weißen Hai" weiterlaufen lassen). Manche von denen sind saustressig und das hat nicht unbedingt immer etwas mit der Erziehung zu tun. Ich kenne Geschwisterkinder, bei denen das eine ruhig und besonnen ist und das andere ein brutaler Schlägertyp.

☞ *Manchmal liegt's aber auch daran, dass die Eltern schon deppert sind und die Kinder sich das Depperte von denen abgeguckt haben. Aber wenn alle deppert sind, fällt es nicht weiter auf und alle sind happy miteinander.*

Ungefähr 8 Prozent aller Deutschen wollen aus diesen und anderen Gründen kinderlos bleiben, das ergab eine Befragung des Instituts für Demoskopie Allensbach. In Westdeutschland hat fast jede vierte Frau im Alter von 40 bis 44 keine Kinder. Bei Akademikerinnen ist der Anteil noch höher, dort sind es 30 Prozent aller Frauen zwischen 40 und 49.[2] Gründe dafür gibt's gleich mehrere. Die Stiftung für Zukunftsfragen hat sie zusammengefasst. Die Leute hierzulande wollen sich deshalb nicht vermehren, weil sie lieber frei und unabhängig bleiben wollen. Gut, hätte man sich denken können, weiter im Text: Ein Großteil sieht im Kinderkriegen eine zu starke finanzielle Einschränkung, ein weiterer Teil glaubt, dass man Familie und Karriere nur schwer unter einen Hut bekommen kann. Einen für mich ganz interessanten Grund schiebe ich noch nach: Viele der kinderlosen Paare wollen keine Kinder in diese Welt setzen, weil ihnen diese zu unsicher ist. Stichwort: Global Warming – es geht alles unter.

Frauen, die sich bewusst gegen eine Familie entscheiden, haben's nicht leicht. In jungen Jahren werden sie wegen ihrer Entscheidung oft nicht ernst genommen. Sie müssen sich so Sachen anhören wie „Ach, warte erst mal ab, bis du den Richtigen findest" oder „Das wird sich bestimmt noch ändern, wenn die Uhr tickt". Wer möchte sich gegen solche Stammtischargumente rechtfertigen müssen? Keiner. Mit Mitte 30 kommen dann die mitleidigen Blicke und ab 40 nehmen die Leute an, man sei gescheitert und dieses Leben zu bedauern. Das Problem liegt hier in der Außenwelt, denn die kommt ja nicht damit klar, dass Frau ganz selbstbestimmt

{2} Geburtentrends und Familiensituation in Deutschland, 2012, Fachbericht, Statistisches Bundesamt

und freiwillig auf die kleinbürgerliche Familie und all ihre Unannehmlichkeiten verzichtet. Mitleid ist da fehl am Platz. Ich finde die selbstlose Mutter, die sich schon lange nicht mehr spürt und allen anderen den Vortritt lässt, viel bemitleidenswerter. Dieser Typus ist übrigens relativ jung, so menschheitsgeschichtlich betrachtet. Er hat seinen Ursprung im Bürgertum des 18./19. Jahrhunderts. Während der Adel seine Kinder von Ammen aufziehen ließ, entwickelte man im Bürgertum das romantische Bild der liebevollen, sich aufopfernden Mutter. Einige Muttertagsgedichte, die auch heute noch runtergerattert werden, stammen aus dieser Zeit. Später im Dritten Reich wurde die Mutterschaft massiv propagiert. 1933 wurde der Muttertag zum offiziellen Feiertag. Die Frau sollte aus dem Erwerbsleben verschwinden und Kinder gebären, dazu wurden beispielsweise verheirateten Ärztinnen 1934 die Kassenzulassungen entzogen. Für Frauen, die mehr als vier Kinder zur Welt brachten, gab es das Mutterkreuz in Bronze, für sechs Kinder das Kreuz in Silber, für acht Kinder das in Gold. Frauen ohne Kinder waren bemitleidenswert.[3] Die Zeiten haben sich geändert. Frauen haben sich emanzipiert und sind erwerbstätig, das Ideal aber gibt's immer noch.

Verstaubtes Ideal hin oder her, die Frage ist doch, ob Familie denn wirklich so viel glücklicher macht. Nicht alle und vor allem nicht dauerhaft. Das Wissenschaftszentrum Berlin für Sozialforschung hörte sich bei Frauen und Männern zwischen 25 und 37 Jahren um. Die Fragerei ergab, dass Eltern nur bis zum vierten Lebensjahr der Kinder zufriedener sind als kinderlose, danach hält es sich die Waage. Über etwaige Unzufriedenheiten wollen Mütter aber nicht sprechen. Als Mutter hat man glücklich zu sein und zu funktionieren. Alles supi. Lieber stellt man angesichts von Überforderung das eigene Leben hintenan. Zuzugeben, dass man unzufrieden ist oder dass das Muttersein nicht komplett erfüllend ist, trau-

{3} Nave-Herz, R.: Die Geschichte der Frauenbewegung in Deutschland, Leske + Budrich, 1994

en sich die wenigsten. Die Soziologin und Autorin Christina Mundlos hat sich mit dem Phänomen „Regretting Motherhood" auseinandergesetzt: „In dem Moment, in dem eine Frau negative Gefühle bezogen auf ihre Mutterschaft äußert, verbaut sie sich die Chance auf Status und Anerkennung."[4] Dass es den Müttern zu viel wird, liegt außerdem daran, dass viele zwar beruflich fleißig mitanschieben, sich aber abends nicht hinter der Zeitung verstecken können, sondern auch zu Hause gut performen müssen. Wenn ich im Kindergarten meiner Tochter eine Stricherlliste machen würde, wer den Nachwuchs hinbringt und abholt, dann sind's die Mütter in einem Verhältnis von 78:22. Habe ich so im Gefühl ... Dazu muss man fairerweise sagen, dass die Frauen meist in Teilzeit arbeiten und mehr Zeit für so etwas haben. Aber warum sind ausgerechnet die Mütter alle in Teilzeit? Hm ... Riesenfass ... das lassen wir mal im Keller und schreiben „armutsgefährdete Teilzeitmütter" drauf.

In einer Onlinestudie der Internetgemeinschaft YouGov konnten 2000 Eltern anonym auspacken, was sie tatsächlich über ihre Elternschaft denken. Fast alle Eltern gaben an, ihre Kinder zu lieben. Yay! Aber 20 Prozent der befragten Eltern würden sich bei aller Liebe nicht noch einmal für Kinder entscheiden. Als Gründe wurden genannt: die Einschränkung der persönlichen Entfaltung und fehlende Betreuungsmöglichkeiten. Den Knick in der Karriere bedauerten 44 Prozent der Frauen und 20 Prozent der Männer.[5] Das haben sich die Eltern anders vorgestellt, vielleicht liegt's eben an der manchmal falschen Vorstellung der heiligen Familie.

 Mein inneres Faultier will auch noch was dazu sagen: „Schluss jetzt mit dem Blabla und den Zahlen. Soll doch jeder so leben, wie er will. Und ich will jetzt, dass du endlich den Eimer Baileys-Eis zu Ende isst, so kommen wir nie voran."

{4} http://www.sueddeutsche.de/gesundheit/ungluechliche-muetter-sie-wollen-ihr-leben-zurueck-1.2419449-2
{5} ebenda

VORSICHT! BRUTALE RAT-SCHLÄGER UNTERWEGS!

✖✖✖

„Ich versuche ständig, im Zustand der vollkommenen Verwirrung zu sein, weil mir dieser Gesichtsausdruck steht."
– Johnny Depp

Freunde, da läuft was aus dem Ruder! Seit wann sagen uns T-Shirts, was wir zu tun haben? Bin gerade das Warensortiment des schwedischen und spanischen Textilhändlers durchgegangen und musste dabei viele Ratschläge von irgendwelchen T-Shirts einkassieren. Folgende Weisheiten waren's wert, auf Baumwolle verewigt zu werden, und kein Scheiß, die gibt's wirklich alle!
„Shine like a star." Not happening in diesem T-Shirt.
„Take action." Gut, dass du mir das sagst, sonst wäre ich aufm Klo eingeschlafen.
„Relax. Take it easy!" Mission impossible, beim Schweden ist Krieg in der Wühltrommel!

„Smile, Laugh, Love!" Alles gleichzeitig? T-Shirt, du machst mich fertig!

„Never give up." Crack? Netflix?

„Don't give your heart." Excusar Spanier, das ist kein ganzer Satz. Hat vielleicht der gleiche Philosoph geschrieben wie:

„Take a risk – Always in my life." Muss ich nicht verstehen ...

„Keep the good things in life." Ups, alle schon weggeschmissen und die „bad things" auf meiner Couch verteilt.

„What you feel, is what you get." Stimmt, muss dringend aufs Klo.

„In the right place, at the right time." Hier? Fußgängerzone zum Schlussverkauf? Geht so.

„Hate at first sight." Blödes T-Shirt, in zwei Jahren kannst du das der Caritas erzählen.

Aber nicht nur T-Shirts geben Anweisungen, wie ich mich zu verhalten habe, ungefragte Ratschläge kannste dir an jeder Ecke abholen und die gehen in etwa so: „Du musst dringend an deiner Haltung arbeiten." „Du musst dein Xing-Profil schärfen." „Deine Haarspitzen brauchen mehr Pflege." „Benutzen Sie eigentlich täglich Zahnseide?" „Sie müssen einen besseren Schlafrhythmus finden." „Deine Sachen gehören mal gebügelt." „Sie müssen lernen loszulassen." „Den Backofen sollte man alle zwei Wochen gründlich reinigen." „Auf Gluten sollten Sie dringend verzichten." „Sie müssen mal Ihren Eisenwert überprüfen lassen." „Wie?! Du machst keine Festplatten-Backups?!" „Du musst mehr an deiner Bauchmuskulatur arbeiten." „Das Auto muss zum TÜV." „Sie müssen pünktlicher werden." „Den USB-Stecker nicht einfach rausreißen!" „Die Hecke gehört regelmäßig gedüngt." Und so weiter und so fort.

Theoretisch weiß ich, wie man's richtigmacht, erzähl mir was Neues, blöde Rat-Schläger. Nur kann man die vielen Tipps mit einem inneren Faultier unmöglich realisieren, weil das Leben dann völlig spaßbefreit wäre. Und da passt das Faultier akribisch auf, dass das nicht passiert! Wenn ich all das umsetzen würde, was man mir so an Ratschlägen mitgibt, würde mein Tag in etwa so aussehen: Ich stehe um 5:30 Uhr auf, weil effiziente Menschen das so machen, dann meditiere ich, mache Klimmzüge und wiederhole meine Affirmation, die geht so: „Ich bin das Zentrum allen Lebens und ein Erfolg auf ganzer Linie." Ich bereite mich mittels ausgeklügelter Prioritäten-to-do-Liste auf meinen Tag vor. Danach gehe ich in die Küche und mixe mir mit meinem 300-Euro-Mixer einen grünen Smoothie mit Sachen drin, von denen ich keine Ahnung habe, wo die herkommen. Chia, Baobab und Maca ... Dieses Glibberzeugs ersetzt meine ersten drei Mahlzeiten. Yay! Da ich ein informierter Mensch bin, blättere ich kurz durch die SZ, FAZ, Spiegel, taz, Standard und die Zeit. Bin nämlich nicht blöd. Danach wecke ich meine attraktive Familie auf, keiner von uns hat Mundgeruch, alle schöne Haare und keiner muffelt. Vergnügt unterhalten wir uns am Frühstückstisch über weltpolitische Themen und von Muddi gibt's Bärlauchknäcke mit Kräutertee. Der Kleinen mache ich als Kindergartenbrotzeit einen leckeren Spinat-Smoothie, da steht die voll drauf. Mit guter Laune geht's dann ab ins Bad, kein Gezeter, alles supi! Läuft wie am Schnürchen, dank des optimal getakteten Zeitmanagements. Eine halbe Stunde später sitzen wir gut riechend und gebügelt im Auto. Dort singen wir einen Katy-Perry-Song und strotzen voller Elan. Während die Kleine im Kindergarten auf der Flöte die Goldberg-Variationen einstudiert, gehe ich in die Arbeit, um das nationale Bruttosozialprodukt wieder drastisch zu erhöhen.

Der Amerikaner würde an dieser Stelle sagen: „It's good to be me." Nachdem ich noch geschickt ein paar Deals eingetütet und clever Sachen delegiert habe, geht's zurück ins traute Heim. Es geht nichts über einen Abend mit 150 Sit-ups! Herrlich! Mein Mann und ich haben immer sehr viel Spaß dabei. Vergnügt geht's dann zum laktose-, gluten- und spaßfreien veganen Abendessen, das vor allem die Kleine sehr zu schätzen weiß. Nachdem wir in der Bibel und bei der Handarbeit noch etwas Zerstreuung finden, geht's für alle Beteiligten dann um 20:00 Uhr ab ins Bettchen. Natürlich bedanken wir uns vorher noch beim Herrn für den gelungenen Tag. Amen.

Die Realität sieht etwas anders aus: Um 7:30 Uhr läutet der Wecker, ich werde aus einem Traum gerissen, in dem ich als einziger Mensch eine Zombieapokalypse überlebt habe. Liegt mitunter daran, dass mein inneres Faultier den Abend davor noch dringend die letzte Staffel von „The Walking Dead" zu Ende sehen wollte. Weil ich mich noch kurz in dem Gefühl der Sicherheit suhlen möchte, bleibe ich weitere 15 Minuten liegen. Der grundsolide Bayer hat sich schon auf Zehenspitzen aus dem Staub gemacht, da er andere Arbeitszeiten hat. Völlig zerknautscht stehe ich dann auf und sehe aus wie Charlize Theron in „Monster". So schleppe ich mich ins Kinderzimmer meiner Maus. Mit etwas Geknatsche und Geraunze schaffen wir es aber, dass wir um 8:00 Uhr am Frühstückstisch sitzen. Mutti braucht dringend Kaffee, um zu funktionieren, die Tochter ihr Eiskönigginnen-Müsli. Das mit dem Selbstständig-Anziehen klappt leider noch nicht so gut bei der Mama, daher dauert es dann inklusive Zähneputzen mindestens 45 Minuten, bis wir so weit sind, dass man uns auf andere loslassen kann. Weil wir wie immer viiieeeel zu spät dran sind, wird nun zum Kindergarten gehetzt. Um 09:02 Uhr übergebe ich meinen süßen Nachwuchs dann hektisch zum Morgenkreis in die Hände ihrer Erzieherinnen. Etwas durchgeschwitzt geht es für mich anschließend in die Arbeit. Ich versuche, dort im Rahmen meiner Möglichkeiten meinen Beitrag zu leisten, was mir manchmal besser, manchmal gar nicht besser gelingt. Danach geht's ab nach Hause. Zu Hause wartet dann Nachwuchs/Mann/Haushalt/Leben. Obwohl mein Mann mindestens genauso anpackt wie ich, sieht's bei uns zwischendurch gar nicht so ordentlich aus. Ein bisschen mag ich das auch, das andere bisschen sollte aber aus dem Weg geräumt werden und das machen wir dann. Am Abend wird eine kleine Spezialität aus dem Hause Miracoli auf den Tisch gezaubert und zur Freude der Nachbarn danach noch Flöte geübt sowie eine Runde „Mascha und der Bär" auf Netflix geguckt. Nach einer Gutenachtgeschichte von Frau Nöstlinger/Lindgren geht's ab in die Heia. Der grundsolide Bayer hat dann die Nase in seinem E-Reader versenkt und mein inneres Faultier liest aufm iPad Nachrichten, das heißt, guckt auf Promiflash, wer mit wem rummacht, und stimmt mit anderen Faultieren darüber ab, ob Katherine Heigl nun ihren Mann betrogen hat oder nicht. Zum Ausgleich noch ein bisschen seriöse Nachrichten blättern – oder auch nicht – und Netflix gucken. Zumba kannste knicken. Wenn ich und mein Mann dann nicht sabbernd auf der Couch einschlafen, schaffen wir es vielleicht noch ins Bett, rechtzeitig zur nächsten Zombieapokalypse. Amen.

MIR REICHT'S! ICH HAU AB NACH STARS HOLLOW ...

✖✖✖

Meinte letztens einer, ich sei realitätsfremd. Ich wäre fast vom Einhorn gekippt.

Eigentlich hätte ich's gerne total kuschelig um mich rum. Ich würde am liebsten in Stars Hollow leben, neben den Gilmore Girls. Ich bitte darum. Dort könnte ich mit meinen Flitzpiepen ein überdekoriertes altes Holzhaus bewohnen mit Kamin und einer riesigen Veranda. In der Ortschaft würde ich ein kitschiges Sachertorten-Café betreiben: Tanja's Place. Sookie würde mich backtechnisch unterstützen, ich würde viel Kaffee trinken und alle würden es gut mit mir meinen. Ich könnte mich auf die Leute verlassen und die sich auf mich. Prima Zusammenhalt. Keine Intrigen, alles lieb, lieb, lieb. Das Leben würde sich anfühlen wie eine warme Kuscheldecke. Nur gibt's da leider ein paar Hindernisse: die echten Leute, mich und kein Stars Hollow. Trotzdem eine zauberhafte Wunschvorstellung, findet ihr nicht auch?!

Ach, in Wirklichkeit gingen sich die Menschen aus „Gilmore Girls" ebenso auf den Sack wie überall sonst auch. Die Serie war aber mitunter deshalb so megaerfolgreich, weil viele, so wie ich, Harmoniejunkies sind. So ein Ausflug ins knuffige Stars Hollow tut echt gut in einer Welt, in der man sich an jeder Supermarktkasse Beef abholen kann. Außerhalb vom Fernsehkästchen wohnen nämlich die echten Menschen. Vereinzelt großartige Nasen, die man sich nicht mehr wegdenken möchte, aber auch andere mit Geltungsbedürfnissen, viel zu starren Meinungen und komischen Ansichten – deppert und schwer zu verstehen. Ich habe in den ersten drei Jahrzehnten meines Lebens sehr viel Zeit und Energie damit verplempert, Harmonie erzeugen zu wollen, wo keine ist, bei Menschen, die sie nicht wollten. Sich zu verbiegen und es so lange allen recht zu machen, bis man nervt – diesen Zustand habe ich erfunden. Was dabei auf der Strecke blieb, war das schwierig auszusprechende Wort „Authentizität". Aus Harmoniesucht habe ich versucht, mich anzupassen, nicht aus der Reihe zu tanzen – hat nur leider mäßig geklappt und darüber bin ich mittlerweile ganz froh. Warum, verrate ich euch nach einer kurzen Werbepause.

 Werbung: „Eine Frau und ein Faultier kämpfen in einer schnelllebigen Welt gegen zu hohe Anforderungen. Im Zentrum des spannenden Plots steht die Frage: Wozu der ganze Scheiß?! Schluss mit Muss – jetzt im Buchhandel erhältlich."

Werbung over: Als Kinder werden wir schon so konditioniert, dass wir liebenswert sind, wenn wir möglichst wenig Ärger machen. Dahinter steckt keine böse Elternverschwörung, wir bekommen einfach nur besseres Feedback, wenn wir lieb sind, und nicht so gutes, wenn wir beißen, kratzen, spucken und ekelhaft sind. Man könnte dieses Feedback auch „Grenzen setzen" nennen. Das macht uns sozial kompatibler. Die Challenge für die Eltern ist nur, diese Grenzen richtig auszupendeln. Ob ich da immer das Richtige mache, weiß ich auch nicht. Bei zu engen Grenzen können sich die Kinder nicht entfalten – sie passen sich später vielleicht zu sehr an. Haben sie zu wenig Grenzen, können sie orientierungslose kleine Monster werden. Mit diesen Monstern müssen sich dann auch die Kindergärtner und Lehrer rumschlagen. Leider reicht deren Einfluss dann meist nicht mehr aus, um ein Monster zu einem netten Menschen zu erziehen.

Das Faultier sagt gerade: „Du klugscheißerst grad voll rum. Hol lieber die neue Gala ausm Briefkasten und leg die Stinkefüße hoch." Und ich so: „Sag mal, was ist denn das für ein Ton, junges Faultier? Ich kann hier erzählen, was ich will, weil's mein Buch ist, nicht deins. Dass wir uns verstehen: Du kriegst für den Rest des Kapitels Redeverbot!" Das Faultier dann so: „Pffff ... Whatever ..."

Sorry wegen der Störung, also, wo waren wir? Die Krux an der Sache ist nur, wenn die Kinder dann ausgewachsen sind und beispielsweise ein angepasster Mensch auf ein Monster trifft, wird sich zwangsläufig der Angepasste weiter anpassen, weil das Monster das nie gelernt hat. Das ist beengend für den Angepassten. Stichwort: Luft zum Atmen.

Das Faultier: „Sorry, dass ich noch mal einhake, aber das versteht gerade keine Sau, was du da erzählst." Ich so: „Faultier, wenn du nicht gleich brav bist, gibt's heute Abend keinen Eimer Häagen-Dazs. Haben wir uns verstanden?!" Das Faultier hat's verstanden, es nickt. Sorry noch mal.

Für ein großes Unternehmen ist so eine Anpassungsfähigkeit ganz prima, da macht man wenig Ärger und funktioniert als kleines Teil vom großen Zahnrad. Es braucht die Angepassten sicherlich auch, denn als Bereichsleiter von der Nürnberger Versicherungsgruppe sehe ich den Harald Glööckler jetzt nicht so. Nur müssen das so viele Angepasste sein? Und sind die auch alle happy damit? Je angepasster, umso größer die Angst vor Ablehnung, aus der Reihe zu tanzen und sich zu blamieren, sprich Angepasste haben oft die Hosen voll. Faultier: „Okay, den letzten Halbsatz hab ich verstanden." Ihr merkt am Faultier, Grenzen zu setzen ist sauschwer.

Natürlich gibt's auf der Welt noch andere Nasen, nicht nur Angepasste und Monster. Diese verschiedenen Charaktere machen das harmonische Miteinander aber letztendlich so schwierig. Als Harmoniejunkie habe ich lange versucht, mich anzupassen, bin allerdings immer wieder auf „die anderen" gestoßen und spätestens da wurde es mir zu eng. Meine Harmoniesucht habe ich zwar noch nicht ganz besiegt, ich bin jedoch besser geworden. Ein bisschen konnte ich über die Jahre dazulernen. Ich bin weniger nett zum Beispiel. Gut, gell?! Das macht mich in vielerlei Hinsicht umgänglicher und berechenbarer. Warum? Ich fresse nicht mehr so viel in mich rein und die Wut wird meist in einer angemessenen Dosis dort platziert, wo sie hingehört.

Voll gut auch: Keiner beißt einem den Kopf ab, wenn man mal nicht so lieb ist. Sogar das Gegenteil war manchmal der Fall. Je klarer und selbstbewusster man sich wehrt, umso besser können die anderen damit umgehen.

Womit die Leute nicht so gut umgehen können, ist das Beleidigtsein. Ich konnte mir durch rechtzeitiges Wehren ein kleines Quäntchen Respekt erarbeiten und manch einer überlegt jetzt zweimal, wie er mit mir redet. Darf ruhig noch mehr werden, ich bleib dran. Weiterer Pluspunkt am Sich-Wehren: Man weiß ziemlich schnell, woran man bei mir ist. Auch irgendwie gut, wie ich finde.

Das Schlimme an der Harmoniesucht ist, dass man sich aus Angst vor Disharmonie oftmals zu lange etwas gefallen lässt. Über die Jahre habe ich mir einiges gefallen lassen und einiges an Kritik einstecken müssen. Von Kritikern, denen es manchmal nicht um die Sache ging, sondern darum, Macht zu demonstrieren. Wenn ich nach viel zu langer Zeit beleidigt versucht habe, mich zu wehren, wurde es schnell als Kritikunfähigkeit (Scheißwort) ausgelegt. Besser wäre es gewesen, die Grenzen früher zu setzen und nicht beleidigt zu sein. (Voll schnell geschrieben der Satz, aber voll schwer umzusetzen.) Mir ist noch nie ein Mensch begegnet, der wirklich kritikfähig ist, zumindest nicht in diesem duckmäuserischen Stil, wie's die harten Kritiker gerne hätten. Mir sind Kritisierte begegnet, denen der Sachverhalt komplett egal war, oder solche, die das Gegenüber nicht für voll genommen haben, das heißt, deren vermeintliche Kritikfähigkeit war eigentlich nur eine Scheiß-drauf-Attitüde.

Neben der Kritik gibt es auch noch gut gemeintes Feedback. Positives wie negatives. Dafür bin ich wesentlich offener. Man erkennt es schnell als solches, weil es meist sachbezogen ist. Wenn's respektvoll vorgetragen wird und auf Augenhöhe stattfindet, hat man unter Umständen danach Bock, die jeweilige Sache zu ändern. Ich hatte beim Radio so eine Vorgesetzte, die sogar etwas jünger war als ich, aber das mit dem Feedback so gut draufhatte, dass ich nach jeder Feedbackrunde rausging und mir dachte: „Danke, jetzt weiß ich, wo ich ansetzen muss, und mach's künftig nur noch geil!" Das gibt's, das kann man lernen, das nennt sich Führungsqualität und das sieht man immer mal wieder. Fühlt sich ein bisschen an wie echtes, reales Stars Hollow.

Zu harte Kritik aber bohrt sich in einen rein und lähmt. Falls an euch gerade so etwas bohrt, habe ich hier einen Musterbrief, den ihr gerne ausfüllen, aus dem Buch rausreißen und verschicken könnt. Ich bin nicht beleidigt, wenn ihr das macht.

Hallo ....!

Wir haben in letzter Zeit nicht viel voneinander gehört. Das liegt daran, dass du ein schweinsäugiger Dummdödel bist. Als du _____ gesagt/gemacht hast, habe ich mir das leider sehr zu Herzen genommen. Nun habe ich beschlossen, dass ich so einer Matschbirne nicht mehr so viel Macht über mein Leben geben werde, daher schicke ich dir deine Probleme zurück. Komm du mal klar damit.

Hochachtungsvoll

_____

SCHEITERN WIE EIN PROFI

✖✖✖

*Ich liebe das Scheitern,
weil es einem so einfach gelingt.*

Ich habe noch nie für irgendetwas eine Ehrung oder Auszeichnung erhalten. Meine Freundin Jutta hat mir mal mitleidig einen zwei Zentimeter großen Oscar geschenkt. Den hab ich auf meinem Regal so drapiert, dass er etwas größer aussieht. Das war's aber dann auch schon. Ich bin am Seepferdchen gescheitert, die Fahrradprüfung hatte leider auch kein Happy End und so ging's irgendwie weiter. Meine Kindersendungen haben zwar alle erdenklichen Preise eingeheimst, die's so gibt, das liegt aber vor allem daran, dass da ein großes Redaktionsteam immer ganz viel Hirnschmalz reinsteckt, damit die Sendungen am Ende so aussehen, wie sie aussehen. Diese Erfolge kann ich mir daher nicht auf die Fahne schreiben, freue mich aber trotzdem wie ein Schnitzel drüber.

Meine Regale ziert auch deshalb weder Ehrung noch Pokal, weil ich mich in nichts so richtig reinhängen wollte, keinen Sinn darin sah, alles zu geben, um die Beste sein, und weil mich einfach zu viele Sachen gleichzeitig interessiert haben. Manche würden sagen, die hat zu wenig Ehrgeiz, ich sag: 13 Sachen halbarschig zu machen, ist abwechslungsreicher, als eine Sache vollarschig zu tun. Sei's drum, wenn's ums Thema Scheitern geht, dann zähle ich zu den ganz Großen hier im Landkreis und dafür hätte ich mir schon eine Medaille verdient.

☞ *Ich könnte jetzt aus den Vollen schöpfen, das würde nur leider den Rahmen sprengen und dem Buch den Titel geben „Halbwegs gut klarkommen, wenn alles den Bach runtergeht". Wäre vielleicht eine Idee für mein nächstes literarisches Meisterwerk.*

Trotzdem möchte ich euch die eine oder andere Episode meines kometenhaften Aufstiegs im Scheitern als Inspiration mitgeben. Einer der aufregendsten Momente meiner TV-Karriere war das Warm-up und die Backstage-Moderation bei der 485. Ausgabe von „The Dome" in der Wiener Stadthalle. Das Warm-up ist die Phase, in der das Publikum aufgeheizt wird, bevor die Kamera läuft, damit es dann schön durchdreht, wenn der letzte Gewinner von DSDS Knasturlaub kriegt und raus auf die Bühne darf. Aufregend an der Veranstaltung waren für mich jetzt nicht Scooter und DJ Bobo, klar auch, aber vielmehr 15.000 kreischende Teenies, Pyrotechnik und viel Trubel, die mich ganz schön aus der Fassung bringen konnten. Vor allem, wenn man das Nervenkostüm eines Eichhörnchens hat und große Massen einen fertigmachen.

Short Story long, nachdem ich mich intensiv auf den Kampf vorbereitet hatte, mich tatsächlich in ein Korsett gezwängt hatte (mach ich nie mehr wieder!) und mit möglichst viel Glitter auf den Wangen auf die Bühne gegangen war, war ich erst mal froh, dass ich mich an Ort und Stelle nicht gleich angepieselt habe – reine Selbstbeherrschung, ich war für ein paar Minuten Frau der Lage.

Hab meinen Text schön runtergerattert und gemeinsam mit dem netten anderen Warm-upper die Menge sogar ein kleines Bisschen zum Durchdrehen gebracht. Macht das Dome-Publikum aber ohnehin von Haus aus. Ich war froh, als es vorbei war und ich mir sagen durfte, dass ich keinen kapitalen Fehler begangen hatte. Bis mir hinter der Bühne eine Stylistin mit hochrotem Kopf sagte: „Tanja, Glück gehabt, dass das nicht live ging, dein Hosentürl stand die ganze Zeit sperrangelweit offen." Ich hatte alles im Griff, nur das nicht. Das erklärte das luftige Gefühl unnerum und die erheiterten Gesichter und gute Stimmung im Publikum.

Der Boden ging leider nicht auf. Trotzdem: Ich hab's überlebt. Irgendwie.

Wie geht's mir jetzt 13 Jahre später damit? Ich habe aus meinen Fehlern nichts gelernt und vergesse auch heute noch ab und zu, das Hosentürl zuzumachen. In der Zwischenzeit bin ich aber eine der führenden Expertinnen im Über-sich-selbst-lachen-Können geworden und das nimmt viel Drama aus diesem Leben. Große Unterstützung erhalte ich dabei von meiner viel zu lustigen Freundin Shana; wir haben uns in den letzten 16 Jahren oft stundenlang über unsere Unzulänglichkeiten und peinlichen Momente zerkugelt. Auch sie lacht am liebsten über sich selbst und gemeinsam lachen wir über uns und finden uns trotzdem gegenseitig mit all unseren Macken richtig gut. So etwas hilft ungemein. Scheitern darf sein, weil's ständig passiert, nur traut es sich keiner zuzugeben. Viele Sachen muss man erst ausprobieren, um einzusehen, dass man etwas nicht kann, damit man's dann vielleicht sein lässt oder sich etwas anderes sucht. Eine Venture-Kapitalisten-Befragung ergab, dass mehr als 60 Prozent aller Start-ups bereits in den ersten fünf Existenzjahren scheitern.[1]

{1} http://www.mittelstand-die-macher.de/management/unternehmertum/studie-gruende-warum-startups-im-team-scheitern-21935

In fast 40 Jahren Dasein kann man (also ich) schon so einiges an die Wand fahren, im Kleinen wie im Großen, aber das Schöne am Scheitern ist, dass man (also wieder ich) dazulernt.

Vor ein paar Jahren habe ich als Moderatorin bei einem bayerischen Alpensender gearbeitet. Schee woas! Noch nie habe ich in so kurzer Zeit so viel gelernt wie dort. In Sachen Radio hatte ich damals wenig drauf, musste aber schnell ein paar Schichten in einem Selbstfahrerstudio übernehmen, das bedeutet, der Moderator fungiert dann als eierlegende Wollmilchsau. Er moderiert, muss nebenbei Beiträge schreiben, schneiden und die Technik fahren, also viele Regler und Knöpfe bedienen und dabei noch irgendwas erzählen, was halbwegs Sinn ergibt. Da die kurze Einlernzeit null ausgereicht hat, um meine Gehirnwindungen für diese Aufgaben richtig hinzubiegen, habe ich mich täglich live vor Tausenden von Menschen aufs Schlimmste blamiert. Ich konnte mich Tag für Tag von meinem Stolz verabschieden.

Ich weiß, ihr wollt Beispiele. Ist nach der Hosentürl-Nummer auch schon egal, hier kommt eins: Bei einem voraufgezeichneten Experteninterview habe ich versehentlich immer wieder auf die gleiche Antworttaste gedrückt, somit gab mir der feine Herr Experte live wiederholt dieselbe Antwort auf meine ganz unterschiedlichen Fragen. Ich habe ihn am Ende so dastehen lassen, als wäre er ein Riesendepp, der mich hier verarschen will, sodass ich genötigt war, das Gespräch abzubrechen. Shame on me. Solche blamablen Momente gab's da leider einige.

Nach ein paar Monaten hatte ich die Situation halbwegs im Griff. Es lief. Aber nicht das war mein größter Lernerfolg, sondern dass ich die Monate davor täglich damit klarkommen musste zu scheitern. Ich konnte nichts vertuschen, weil es Tausende von Menschen jeden Tag aufm Weg nach Hause mitbekommen haben. Ich habe mir und den anderen nichts mehr vormachen müssen. Aber das Schöne daran war, auch wenn ich eine Zeit lang die ungeschickteste Moderateuse im ganzen Alpenland war, war ich trotzdem noch alright. Mein Mann empfing mich mit der gleichen Freude wie davor. Meine Tochter wusste zu dem Zeitpunkt noch nicht einmal, dass es so etwas wie das Radio überhaupt gibt. Für sie war ich unverändert die Größte. Und meine Freunde fanden die Geschichten sauwitzig. Nicht mehr und nicht weniger.

Soll heißen, man wird nie so scheitern, dass dich alle für eine komplette Vollhupe halten. Man wird immer einen Ort finden, wo das Scheitern keine Rolle spielt.

Die wichtigste Lektion in Sachen scheitern hatte ich aber schon ein paar Jahre zuvor. Als ich damals als Moderatorin bei Viva angefangen hatte, änderte sich mein Leben schlagartig. Ein paar Jahre davor habe ich noch Klos geputzt und Leuten Schuhe an- und ausgezogen, plötzlich saß ich mit Lenny Kravitz und Bono auf der Couch und Tausende von Jugendliche wollten dahin, wo ich war. Ich habe von allen angesagten Klamottenlabels kistenweise Sachen nachgeschmissen bekommen, flog ein paar Mal rund um die Welt. Die tollsten Visagisten und Stylisten des Landes haben mich täglich glänzen lassen. Manch einer, der da zu früh von null auf hundert startete, meinte, er/sie sei etwas Besonderes. Wie unwichtig wir in diesem Musikkosmos waren, wurde mir bei einem Interview der schottischen Rockband Travis bewusst. Diese Band habe ich von 1999 bis 2004 ungefähr einmal im Jahr interviewt, so wie tausend andere Musikfernsehnasen auch. Nach dem ca. fünften Mal meinte eines der Bandmitglieder: „Ich glaub, ich habe dich schon mal irgendwo gesehen." So viel Eindruck habe ich also hinterlassen. Nicht. Ich hatte nie das Gefühl, etwas Besonderes zu sein, und das war manchmal eher hinderlich. Immer wieder habe ich mich wie eine Mogelpackung gefühlt und mir gedacht, dass diese oberösterreichische Jungbäuerin einfach nur Glück hatte. Fast 20 Jahre später, als alter Haudegen, denke ich mir, dass es schon einen Grund haben wird, warum man mich das noch immer machen lässt. Etwas mehr Narzissmus hätte mir damals ganz gutgetan, denn diejenigen, die sich selbst besser fanden, glänzten auch mehr, waren aufregender. Ich war einfach immer das nette Mädchen von nebenan. Mir merkte man diese Unsicherheit an. Andererseits war die Konfrontation mit der Realität außerhalb dieser Viva-Blase dann wenigstens nicht ganz so hart für mich. Denn die kam bald. Da damals keiner den Sender Viva Zwei geguckt hat, wurde das Ding irgendwann mal abgesetzt. Wie so oft, wenn eine Firma den Bach runtergeht, war auf einmal Ellbogenausfahren angesagt, jeder wollte seinen Popo retten. Ich war nicht so gut darin, fand das Betriebsklima bescheiden und gab bald auf. Wie das Lied ausging, wisst ihr ja – keiner konnte weitermachen. Das Musikfernsehen ist mittlerweile mausetot, die Jugend guckt Youtube. Als dann die Pforten geschlossen wurden, war's erst mal ruhig. Von null auf hundert auf Schlange stehen im Arbeitsamt. Die erste Woche war ich krank. Ich habe mir im wahrsten Sinne des Wortes alles noch einmal durch den Kopf gehen lassen. Magen-Darm, wer's ganz genau wissen will.

Als ich dann aber wieder zu Kräften kam, hatte ich einen der wichtigsten Momente in meinem Leben. Kein Scheiß. (Jetzt schnell für die musikalische Untermalung auf Spotify Celine Dion mit „My Heart Will Go On" raussuchen.) Was so bedeutungsschwanger klingt, war ebenso banal. Ich hatte damals in meiner Küche einen

Dieses kleine Glück, jetzt hier, kann mir niemand mehr nehmen, dahin kann ich immer wieder zurück.

kleinen Esstisch und da stand eine Duftkerze und Kaffee daneben. Ich hatte einen sauguten Stefan-Zweig-Schmöker in der Hand, meinen XXL-Mickey-Mouse-Schlabberpulli an und die Füße auf der Heizung. Auf einmal machte sich ein richtig schönes Gefühl in mir breit. Ich dachte mir: „Und dieses kleine Glück, jetzt hier, kann mir niemand mehr nehmen, dahin kann ich immer wieder zurück. Ich möchte das hier gerade mit nichts auf der Welt tauschen." Der Moment war so stark, dass ich da auch später immer wieder hingefunden habe. Und wenn das Leben mal wieder droht auseinanderzufallen – da kannst du immer hin.

NACHWORT

Liebe Leserinnen und Leser,

Tach in die Runde, ich bin's noch mal, das Faultier. Wie ihr sehen könnt, konnte ich Tanja nicht davon abhalten, dieses Buch zu schreiben. Dafür übernehme ich jetzt erst mal für längere Zeit das Kommando. Wundert euch daher nicht, wenn ihr länger nichts von ihr hört und ihr sie künftig ausschließlich in Jogginghose und mit fettigen Haaren antreffen werdet. Das darf so sein und ist nun auch dringend nötig.

Die letzten Monate hatte ich's nicht leicht mit ihr. Sie ging wenig bis gar nicht auf meine Bedürfnisse ein. Die hat mich manchmal den ganzen Tag bis Mitternacht ignoriert und ihre Nase nur in ihr blödes MacBook gesteckt. Mit etwas mehr Antrieb hätte ich das Ding auch an die Wand geklatscht, aber dazu fehlten mir leider die Böcke. Hätte sie in dieser Zeit Moorhühner gejagt, hätte ich das emotional noch irgendwie verkraften können, aber nein, sie war mit Arbeiten beschäftigt. Ihr könnt euch denken, wie hintergangen ich mich gefühlt habe. Auch wenn sie euch von mir erzählt hat, habe ich in der Zeit von ihr persönlich wenig Beachtung bekommen. So sah es also hinter den Kulissen aus. Traurig, wie viele gemeinsame Mußestunden an uns vorbeigezogen sind, auf der Couch, in der Hängematte, im Bett und in der Wanne. Schreckliche Gewohnheiten legte sie an den Tag. Beispielsweise ging sie häufig direkt auf E-Mails oder Textnachrichten ein, jedes Mal versetzte mir das einen Stich ins Herz. Das ging sogar so weit, dass sie sich am Sonntag die Zähne geputzt hat. Ich lüge euch nicht an. Und ja, find ich auch e-k-e-l-h-a-f-t. Ihr merkt schon, sie hat die Kontrolle verloren. Aber keine Sorge, ich bin ja dann doch noch da.

Wenn wir nicht schon bessere Zeiten erlebt hätten, wäre das ein Grund gewesen, mit meinen drei Fingern das Handtuch zu werfen und zurück in den Regenwald zu schlurfen. Sie hätte dann sehen müssen, wie weit sie mit ihrer Arbeit gekommen wäre. Vielleicht wäre sie als überdrehter Workaholic geendet, der sich irgendwann selbst nicht mehr gespürt hätte, und wäre allen nur noch tierisch aufn Sack gegangen mit ihren unnötigen Aktionen und ihrem sinnlosen Tatendrang. Daran möchte ich gar nicht denken.

Gerne denke ich aber an die Sommernachmittage zurück, als die Welt noch in Ordnung war. Die Menschen spielten draußen verrückt mit Freizeitaktivitäten und Carpe Diem, wir sind aber daheim geblieben und haben die Rollos runtergelassen. Bei einem Eimer Chips und fünf Liter Afri-Cola haben wir dann Rocky 1 bis 6 am Stück geguckt – mitten im August. Niemand konnte dabei so gut Jogginghosen ausleiern wie sie. Eine klasse Frau! Ich glaube fest daran, dass wir uns wieder annähern werden. Wir waren ein gutes Team.

Eins möchte ich noch loswerden. Einige von euch haben auch so ein innewohnendes Faultier. Das sind possierliche, grundsolide Typen, nur manche von denen tun mir echt leid. Mit artgerechter Faultierhaltung hat das selten was zu tun. Manche sind sogar so ausgemergelt, dass sie zu schwach sind, um es in den Dschungel zurückzuschaffen. Ihr könnt ruhig öfter mal auf das kleine Fellknäuel in euch hören und einen Gang zurückschalten. Das tut den Faultieren gut und euch erst recht. Für die müsst ihr nicht noch höher, schneller, weiter kommen und euch komisch verbiegen. Die mögen euch am liebsten so, wie ihr seid.

 Love, euer Faultier

DANK

ICH MÖCHTE MICH BEDANKEN

✖✖✖

Bei meiner Oma dafür, dass sie sich nie hat unterkriegen lassen und mich mit einem grundsoliden Werte-Set in die Welt geschickt hat.

Bei meinem Mann Herbert, ohne den es dieses Buch hier nie gegeben hätte. Der mir gezeigt hat, wie das geht mit der bedingungslosen Liebe, und der sowieso der Beste und Schönste von allen ist. Echt jetzt.

Bei meiner bezaubernden Tochter Romy, die mir zwischendurch immer wieder ihre bunte Welt gezeigt hat, dadurch blieben meine Gedanken schön verspielt.

Bei meiner Mama Katharina, die mich motiviert hat, diesen Weg zu gehen, und mir auch immer wieder gesagt hat, wann Schluss mit Muss ist.

Bei Eva Dotterweich vom ZS Verlag, die vom ersten Meeting an hinter der Idee stand und sich danach mindestens genauso wie ich in dieses Projekt reingehängt hat. Mit ihr werde ich nach Mexiko durchbrennen, wenn das hier ein internationaler Bestseller wird. Mögen wir gemeinsam noch andere Ideen ausspinnen können.

Bei Jürgen Brandt vom ZS Verlag, der mich so hat sein lassen, wie ich bin, und mir von Anfang an den Rücken gestärkt hat, als ich selbst noch nicht einmal wusste, ob ich das kann. Mehr Unterstützung kann sich eine Autorin nicht wünschen! DANKE!

Bei meiner Lektorin Judith Schneiberg, die das sprachliche Niveau angehoben und trotzdem dafür gesorgt hat, dass man die oberösterreichische Jungbäuerin noch rauslesen kann. Vagöldsgott, gnä' Frau!

Bei meiner Agentin Ingrid Yeboah, die diese Buchidee wieder reanimiert hat, als ich sie schweren Herzens selbst schon fast aufgegeben hatte, und die mich dann noch zur richtigen Zeit zu den richtigen Leute geführt hat.

Und jetzt ist Schluss mit dem Blabla und den Zahlen. Soll doch jeder so leben, wie er will!

———

Auf den Geschmack gekommen?

Ein Buch, das Mut macht

**Cornelia Eyssen
Wenn ich das Schicksal treffe, kann es was erleben**
€ [D] 14,99
ISBN 978-3-89883-606-7

Gleich weiterlesen!

Jetzt überall, wo es gute Bücher gibt.

Auf den Geschmack gekommen?

Genuss ist jede Sünde wert

Roland Trettl, Christian Seiler
Serviert
€ [D] 22,99
ISBN 978-3-89883-493-3

Gleich weiterlesen!
Jetzt überall, wo es gute Bücher gibt.

© 2017 ZS Verlag GmbH
Kaiserstraße 14 b
D-80801 München
ISBN: 978-3-89883-654-8

2. Auflage 2017

Projektleitung: Eva Dotterweich
Texte: Tanja Mairhofer
Lektorat: Judith Schneiberg
Grafische Gestaltung: Eden & Höflich, www.edenhoeflich.de
Satz: Christopher Hammond, Catharina Burmester
Illustrationen: Shutterstock
Herstellung: Frank Jansen
Producing: Jan Russok
Druck & Bindung: CPI books GmbH, Leck

Die ZS Verlag GmbH ist ein Unternehmen
der Edel AG, Hamburg.
www.zsverlag.de | www.facebook.com/zsverlag

Alle Rechte vorbehalten. All rights reserved.
Das Werk darf – auch teilweise – nur mit Genehmigung
des Verlags wiedergegeben werden.